Manual Básico Del Poligrafista

Rafael Darío Sosa González

Colección Seguridad Privada
Securityworks
Protección Integral

Hecho el depósito que
marca la ley 11.723 1a.
Edición junio de 2006

Representantes distribuidores http//amazon.com

ADVERTENCIA: Al adquirir o leer esta obra, el lector reconoce que es una guía general, en la cual el autor no le indica cómo hacer las cosas, sino que en el caso de tener que formular un plan de organización y administración, le sugieren qué elementos deben ser contemplados.

Por lo tanto, ni el autor, ni la editorial se hacen responsables directas, ni indirectamente de los daños y perjuicios civiles ni criminales, que pudieran causarse, debido a las conclusiones a las que arribe cada lector al evaluar el contenido de este manual y su aplicación a un caso concreto.

Todos los derechos reservados.

ISBN:

CONTENIDO

INTRODUCCIÓN

Desde hace décadas, la poligrafía ha tenido un desarrollo sumamente importante y significativo en el mundo y particularmente América latina constituyéndose una disciplina que en Colombia no obstante que su uso y credibilidad son incipientes, ha tomado fuerza su aplicación por la necesidad apremiante que tiene hoy la sociedad ante la rampante manifestación de hechos de corrupción, pérdida de valores morales y éticos.

Del mismo modo, en países como Panamá, Perú y Ecuador también viene implementándose, siendo los EU (Estados Unidos de América), el primer desarrollador en la prueba evidenciarías. No obstante, en dicho país también existen algunas restricciones en su aplicación; al igual que en Canadá con una participación naciente como una fulgurante llama, quien está fabricando equipos de poligrafía competitivos.

Actualmente ha sido tanto el auge de dichos mecanismos, que han incursionado en el mercado equipos que dicen ser detectores de mentira por estrés de Voz (Stress Voice), Detector de mentiras de acuerdo al comportamiento del iris de los ojos. Softwares que dicen detectar la mentira, Juegos electrónicos, cibernéticos y otros aparatos menos sofisticados que aseveran servir para lo mismo.

Por medio de dicha dinámica también se ha generado una atmosfera mayor de desconfianza, la cual se pretende aclarar de alguna manera para quienes están y los que comienzan en este camino ancestral, pero naciente de la maravillosa forma de establecer la veracidad en las declaraciones de un sujeto.

No obstante, por razones como las anteriormente descritas, la Poligrafía ha sido menoscabada, criticada y ridiculizada por quienes desconocen el valor fundamental de su uso para establecer la verdad.

Se entiende que no todas las marcas de los polígrafos ofrecen la misma credibilidad, ya que hay polígrafos fabricados en Rusia, China, Israel que no contienen la misma garantía. Esto desde luego se pudo establecer después de un análisis juicioso, acomedido, desapasionado y objetivo.

De otro modo, por el desconocimiento general de quienes requieren o necesitan hacer el uso del Polígrafo, se ha dado un concepto desproporcionado. Por un lado, los que pretenden decir que el equipo es el que establece sí la persona está mintiendo; por otro lado, quienes piensan que la verdad se establece como por arte de magia; y los otros que han hecho creer que establecer la verdad con los detectores de mentira es un juego.

Muchas personas desconocen que por medio de la conductancia de los componentes del equipo de poligrafía se pueden establecer unos estímulos, y mediante unas gráficas la persona encargada de darle valor numérico a esos registros se denomina Poligrafistas; los cuales tienen que prepararse profesionalmente como Psicofisiológos Forense Poligrafistas; y que este último a través de un cuidadoso análisis establece el patrón de verdad o mentira.

Desafortunadamente todos los que dicen ser profesionales de esta rama, no lo son y no aplican la ética y moral mínima que se requiere. Por consiguiente, es tan alto el escepticismo general, que podría menospreciar el tecnicismo y capacidad cientificidad de la poligrafía.

En este Manual Básico del Poligrafista, se pone a consideración es un estudio serio y documentado que establece una verdad relativa, no dicha por el autor, ni por quienes pudieran tener un interés particular; sino por aquellos que se han dedicado a hacer estudios, encuestas, análisis comparativos, concepciones conceptuales y han logrado experiencias certificadas por los resultados recientes establecidos con cada una de las personas que se realizaron las pruebas.

Cabe resaltar que la incidencia del uso de herramientas para detectar la mentira se ha incrementado en Colombia tiene más de 1.500 personas ejerciéndola. Y es el tercer país del mundo con el mayor número de personas certificadas para realizar la prueba. Y su uso es uno de los más frecuentes a nivel de América Latina. Latinamerican Polygraph Institute ahora LICA Latinamerican Institute for Credibility Assessment es una empresa como respuesta a las necesidades de entrenamiento y prestación de servicios especializados en el área de la poligrafía para el sector público y privado. Actualmente son distribuidores exclusivos para COLOMBIA de LIMESTONE TECHONOLOGIES, fabricante Canadiense de equipos poligrafícos avalado por la APA y distribuidor para América Latina de la tecnología canadiense TOI TRASNDERMAL OPTICAL IMAGING aplicada de detección de engaño.

Bienvenidos al maravilloso mundo de conocer la verdad por medio del uso adecuado y óptimo de los conocimientos en el tema y la implementación de un equipo de poligrafía con las mayores garantías técnicas. Sofwafare, elementos de medición, accesorios de medición, etc.

1
HISTORIA DE LA POLIGRAFÍA

Evolución de la Poligrafía a través de la historia

Desde que el ser humano existe la búsqueda de la verdad respecto a cualquier asunto ha sido un tema de gran interés, desde el inicio de la historia registrada, se ha manifestado que la persona deshonesta va a revelar su mentira a través de lo que hace, lo que dice o lo que refleja externamente.

En cuanto a su verdadero origen histórico, no hay acuerdo en la fecha y al inventor del polígrafo: unos autores hablan de los orígenes del polígrafo en el año 1902 y atribuyen el invento a James Mackenzie, otros autores manifiestan que Marston empezó a emplearlo en 1915 bajo la dirección del Profesor Munsterberg, en Harvard.

Sin embargo, nos permitimos hacer un breve recuento histórico:

Reyes 3:16-28

El Rey Salomón es el registro más antiguo de una persona que sigue metodología para determinar la **verdad.**

Papyrus Vedas (900 AC)

Allí encontramos escrito lo siguiente: "Una persona que usa veneno para matar se reconocerá porque no contesta preguntas y, si acaso contesta, sus respuestas serán evasivas; hablará tonterías, frotará el dedo gordo del pie con el suelo, temblará, empalidecerá, se rascará el cabello con los dedos de la mano y tratará, a toda costa, de ausentarse de su casa".

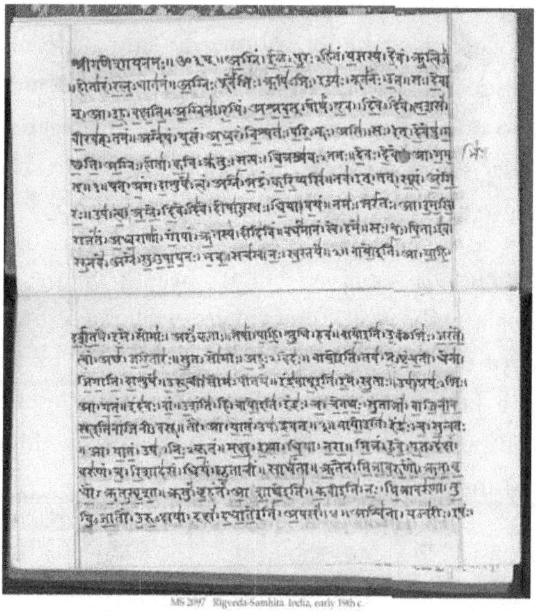

Imagen 1: Fuente. Matte, J.A. (1996). Forensic Psychophysiology Using the Polygraph, J.A.M.

Sanskrito Hindú Antiguo.

- Registro escrito más Antiguo acerca de la detección de mentira.

- Reconoce pistas verbales y no-verbales de la mentira.

- Allí encontramos escrito lo siguiente: "Una persona que usa veneno para matar se reconocerá porque no contesta preguntas y, si acaso contesta, sus respuestas serán evasivas; hablará tonterías, frotará el dedo gordo del pie con el suelo, temblará, empalidecerá, se rascará el cabello con los dedos de la mano y tratará, a toda costa, de ausentarse de su casa".

Erasistratus (304 -250 AC)

Al verificar los antecedentes científicos (tomando el pulso), aparece Erasistratus (304- 250 A.C) Físico y Anatomista Griego, primero en reconocer cambios fisiológicos durante la mentira, determinó que el pulso tiene que ver con la mentira o el intento de guardar información, para el año 1581, el sabio y científico italiano Galileo, inventó el "pulsometro", un registro del pulso, primera forma objetiva para medir el pulso que posteriormente género la medición del pulso de la muñeca.

-Físico y Anatomista Griego

-Primero en reconocer cambios fisiológicos durante la mentira.

-Descubrió que el pulso del hijo del se incrementaba cuando la joven esposa del rey se acercaba.

A medida que ha transcurrió el tiempo aparecieron pruebas para detectar la mentira como el Método del Calvario, Juicio de Combate, Juicio por Tortura, Juicio del Hierro Candente (India), Prueba del Balance (India), Agua Hirviendo (África), Juicio del Agua Roja (áfrica), Juicio del Burro Sagrado (medio oriente), Juicio del Arroz (india), entre otras.

Juicio del burro sagrado

Medio Oriente

-Sospechosos se enviaban a una tienda con un burro y pedían que le jalara la cola.

- Se pensaba que Alá callaba el al burro cuando el sujeto era inocente.

India

-El culpable no podía tragar el arroz.

-Otra forma del Juicio consistía en escupir el arroz.

-Arroz seco, no tragarlo, no escupirlo= culpabilidad demostrada

El juicio del pan de cebada (1150)

Europa

-Derivado del Juicio del Arroz por la iglesia Católica Romana.

-Dios secaría la boca del acusado y no le permitiría tragar el pan y el queso.

-Reservado para los clérigos y nunca se supo de alguno que se ahogara.

Cola de camello

El sospechoso tomaba la cola de camello con las manos. Se les advertía que el animal emitiría un grito cuando el culpable lo tomara por el rabo.

La cola había sido cubierta de hollín, circunstancia que ignoraban los acusados. Generalmente, el culpable salía con las manos limpias porque evitaba tocar al camello para no incriminarse.

Factores que se usan para saber la verdad

1. Método Objetivo
2. Técnicas científicas
3. Conocimiento Psicológicos

GALILEO 1581
Inventor del "pulsilogium."

Un registro para el pulso, que fue la primera forma objetiva para medir el pulso que posteriormente generó la medición de pulso en muñeca.

LANCISI (1728)

En el año 1721 un celebré médico de la corte Romana llamado Lancisi, especificó en su libro que las emociones pueden producirse por la dependencia directa que existe entre las funciones mentales y los nervios, ganglios y los conductos coronarios del corazón, teoría que sirvió de base en futuras investigaciones.

LUIGI GALVANI (1791)

-Descubrió el Reflejo Galvánico de la Piel. (GSR).

Posteriormente en 1791, el fisiólogo italiano Luigui Galvani, recibe el crédito de descubrir el Reflejo Galvánico de la Piel (GSR), experimentó con electricidad en Ranas, estableció también las bases de la neurología y neurofisiología.

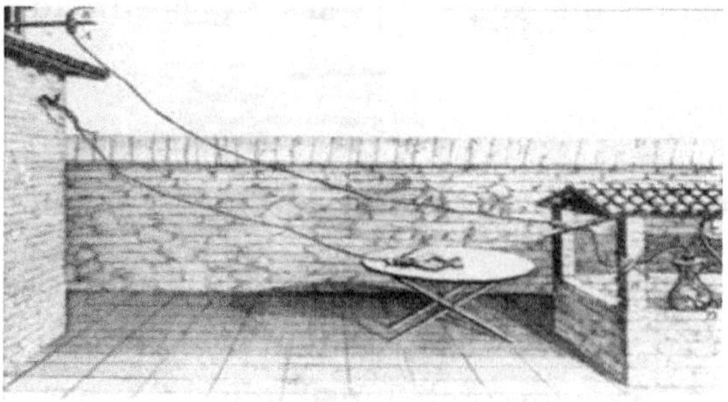

Imagen 2: 2. Experimento con ranas de Galvani.

Fuente: Matte, J.A. (1996). Forensic Psychophysiology Using the Polygraph, J.A.M. Publications

-Escribió acerca de cómo las emociones causan funciones mentales que afectan el corazón.

-La teoría fue la base de futuras investigaciones de la actividad del corazón durante la mentira.

SIR FRANCIS GALTON (1879)

Si se habla de investigación vinculada al método moderno de la poligrafía

Se debe empezar por hablar de Sir Francis Galton (1879), explorador y antropólogo inglés, quien desarrolló un test psicológico de Asociación de Palabras, bajo la premisa de que el culpable sufriría un conflicto interno y daría pistas verbales y físicas de su culpabilidad, utilizó por primera vez las palabras irrelevantes en su técnica

-Primero que se sabe, utilizó palabras Irrelevantes en

su técnica.

Explorador y Antropólogo Inglés.

Desarrolló un test psicológico de Asociación de Palabras, bajo la premisa de que el culpable sufriría un conflicto interno y daría pistas verbales y físicas de su culpabilidad. Primero que se sabe, utilizó palabras Irrelevantes en su técnica.

CESARE LOMBROSO (1895)

Es considerado el padre de la detección de mentira, Antropólogo y criminólogo italiano, utilizó un instrumento para detectar la mentira, fue el primero en experimentar con criminales fuera del laboratorio, en 1895 Ángelo Mosso, un Científico Italiano y estudiante de Lombroso, experimentó con el pletismógrafo, condujo experimentos para demostrar como el miedo afecta el corazón y la respiración, dos años más tarde, Sticker un científico alemán, fue el primero en sugerir que el Reflejo Galvánico de la Piel (GSR) podría ser utilizado para detectar la mentira.

- Primera persona en utilizar un instrumento para determinar mentira.

-Mayor contribución descubrir o establecer que diferentes cambios desagradables o agradables produce la presión sanguínea

-Primero en crear graficas

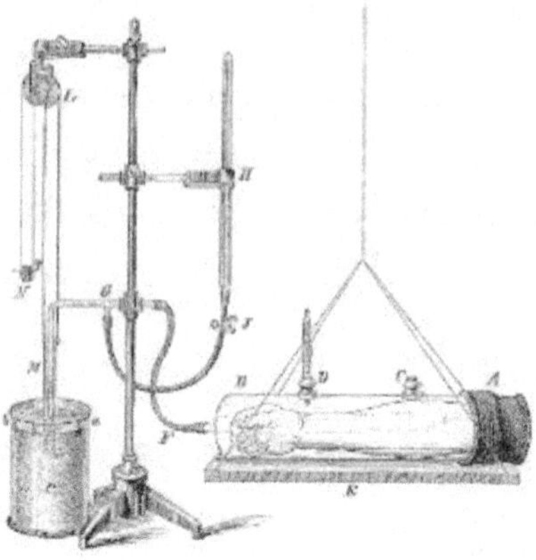

Imagen 3.TAMBOR DE LOMBROSOS .

Fuente: Matte, J.A. (1996). Forensic Psychophysiology Using the Polygraph, J.A.M. Publications

MOSSO ANGELO (1895)

-Primero en usar **cardio.**

Gran aporte cuna científica.

STICKER (1897)

-**Científico Alemán** Primero en sugerir que el GSR podría ser utilizado para detectar mentiras.

-"El fenómeno de la piel está bajo la influencia que resulta activada por impresiones mentales y la voluntad no tiene ningún efecto en él".

- S. VERAGUTH (1907)

Utilizó la técnica de asociación de palabras con un galvanómetro (un instrumento para medir corriente), acuñó el término "reflejo psicogalvánico" que fue cambiado posteriormente por "respuesta electro dérmica".

Hugo munsterberg en 1908, profesor de psicología de Harvard, uso la técnica de asociación de palabras para diagnosticar culpables, describió una prueba de pico de tensión,

Utilizó la técnica de asociación de palabras con un galvanómetro (un instrumento para medir corriente), acuñó el término "reflejo psicogalvánico" que fue cambiado posteriormente por "respuesta electro dérmica".

-Acuñó el término "Reflejo Psicolgavanico" que fue cambiado posteriormente por electrodermal response. Implemento manejo de **EDA**

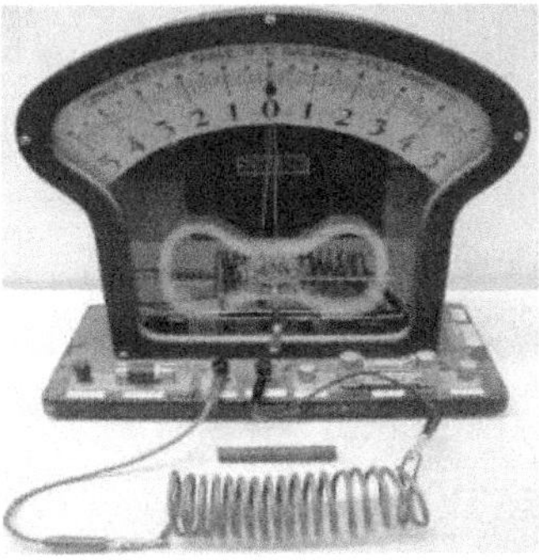

Imagen 4. Galvanómetro de Veraguth
Fuente: Matte, J.A. (1996). Forensic Psychophysiology Using the Polygraph, J.A.M. Publications

MUNSTERBERG HUGO (1908)

Veraguth en el año 1907, utilizó la técnica de asociación de palabras con un galvanómetro (un instrumento para medir corriente), acuñó el término "reflejo psicogalvánico" que fue cambiado posteriormente por "respuesta electro dérmica".

Hugo munsterberg en 1908, profesor de psicología de Harvard, uso la técnica de asociación de palabras para diagnosticar culpables, describió una prueba de pico de tensión,

-Profesor de Piscología de Harvard

- Uso la técnica de asociación de palabras para diagnosticar culpables.

-Hizo mucho para estimular la detección de mentira en los US.

VITTORIO BENUSSI (1914)

-Primero en utilizar la **respiración** para la detección de mentira.

MARSTON WILLIAM (1917)

-En sus investigaciones criminales llegó a lograr un 94% de efectividad.

-Examinado en el famoso caso "United States vs. Frye" hizo historia en la poligrafía y en la comunidad científica en 1923. James Alphonzo Frye, acusado de asesinar a un prominente médico de Washington D.C., se le administró un examen para descubrir si mentía.

En la opinión del Dr. Marston, el acusado dijo la verdad al responder a las preguntas.

-Durante el juicio de Frye, su abogado defensor trató de introducir como evidencia los resultados del examen hecho por el Dr. Marston, pero el juez no se lo permitió.

(United States vs. Frye App. D.C. 46,293 F 1013)

A esa decisión se le conoce como: REGLA FRYE
"El testimonio de un experto basado en una técnica científica no se puede admitir a menos que la técnica utilizada sea aceptada como confiable por la comunidad científica".

BURTT HAROLD(1918)

Fue el que le dio más propaganda al Polígrafo en sus inicios

LARSON JOHN (1921)

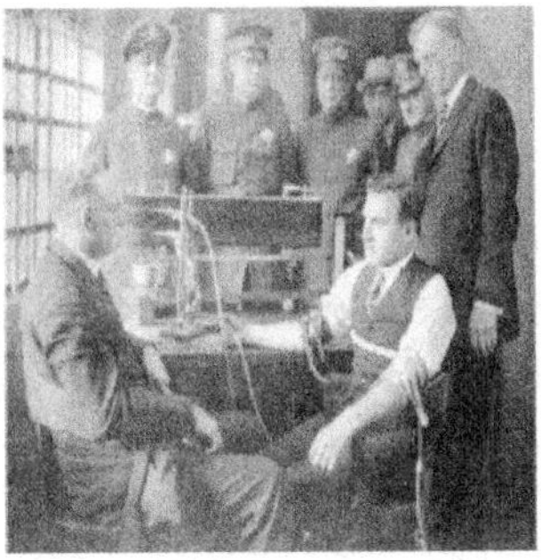

Imagen 6. Berkeley PD, con Larson

Fuente: Matte, J.A. (1996). Forensic Psychophysiology Using the Polygraph, J.A.M. Publications

Realizo los primeros exámenes específicos

Cuando se habla de la evolución del instrumento y la técnica poligráfica, hay que empezar por mencionar a John Larson, (1921), Policía, estudiante de Medicina (fisiólogo) de la universidad de california, quien desarrolló el primer instrumento poligráfico con medición sanguínea y respiración, que recibió el nombre de "Detector de mentiras de Berkeley", el aparato de Larson tuvo un gran éxito en varios procesos criminales en los EU y rápidamente Los departamentos de policía de los Ángeles, Oakland, Duluth y Evanston lo adaptaron, haciendo algunas modificaciones para perfeccionarlo y realizando estudios al respecto.

Utilizó el polígrafo extensivamente en casos criminales. En casos específicos

NORMA DAUBERT (1923)

En ese fallo, el juez tenía asignada la función de guardián, y debía excluir toda disciplina científica que no fuera válida como testimonio en la corte. El fallo añadió cuatro factores, no exhaustivos, que los jueces debían considerar al evaluar la admisibilidad de la evidencia científica además de la aceptación general de la Frye.

Los cuatro factores son:

- Si una teoría o técnica puede ser o ha sido probada;

- Si la teoría o técnica ha sido sujeta a revisión de pares y ha sido publicada;
- Si existe un índice de error conocido o potencial; y
- Si existen normas que controlen la operación de la técnica.

KEELER LEONARDE (1925)

Para 1921 Keeler, conocido como "el padre de la poligrafía moderna", estudiante de Larson, añadió innovaciones al polígrafo como banda de presión sanguínea, tubo neumografico, kimógrafo y en 1938 añadió el GSR, desarrolló diferentes técnicas y fue el fundador de la primera escuela de poligrafía, hacia 1925, Keeler, creó el modelo 302 c, que tomaba registro de Neumo, Cardio y GSR, fue utilizado por el FBI, hacia 1930 la compañía Stoelting en Chicago presentó el fotopolígrafo, desarrollado por C.W Darrow.

-Padre de la Poligrafía Moderna
-Primero en realizar examen de rutina
-Innovaciones al polígrafo.
-Banda de presión sanguínea.
-Tubo Neumografico.
-Kimógrafo (dispositivo que halaba el papel a través del instrumento análogo a una velocidad constante.

Añadió el GSR al polígrafo en 1938.

eonarde Keeler (1925) Cont.
Desarrolló las pruebas de Pico de Tensión (POT) y Búsqueda de Pico de Tensión (SPOT).

Desarrollo la técnica R/I.

Defensor del polígrafo.

Inicio la primera escuela de poligrafía THE KEELER

POLYGRAPH.

Instrumento de Poligrafía Keeler Modelo 302

A WOLMER (1929)

Primero en tener éxito en proponer el polígrafo

FATHER WALTER G. SUMMERS (1932)

Profesor de Psicología de la Universidad de Fordham

Experimentó con el GSR. (Lo llamó un patómetro). Primero en utilizar Preguntas de Control. Las llamó "estándares emocionales."

REID JOHN E. (1953)

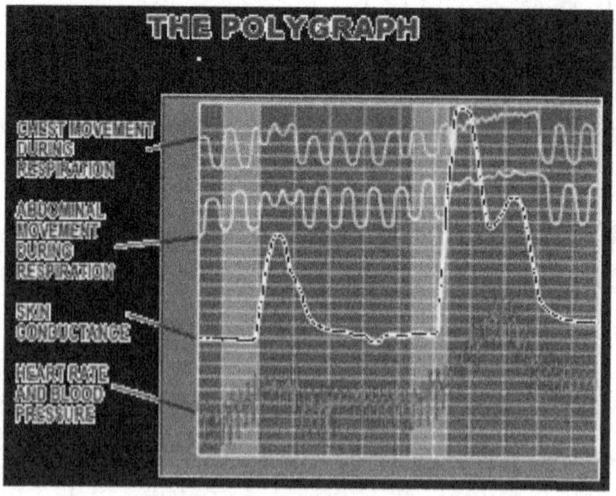

Imagen 9. Gráfica Poligráfica

Fuente: Matte, J.A. (1996). Forensic Psychophysiology Using the Polygraph, J.A.M. Publications

Abogado que después se incorporó al Dep. De Policía

de Chicago. En el transcurso de 1953, John E Reíd, en el departamento de policía de Chicago, desarrolló la técnica de preguntas comparativas y creó un dispositivo de contramedidas, autor de varios libros sobre detección de engaño e interrogación, en 1961 Cleve Backster, implementó el programa de poligrafía de la CIA, desarrolló muchos conceptos que se usan hoy tanto en entrevista, graficación y calificación.

En el 1959 el Dr. David T. Lykken reportó un sistema de examen y puntuación para el canal electrodérmica que se podía usar en investigaciones criminales. El método del Dr. Lykken, el cual llamó examen de culpabilidad por conocimiento, sacaba provecho de la estimulación fisiológica más alta que ocurre cuando un sujeto culpable reconoce un objeto de prueba relacionado a un crimen colocado entre muchos otros objetos temáticamente similares, pero no relacionados.

Los sujetos inocentes, aquellos que no saben cuáles objetos son relevantes y cuales son neutrales, tienen menos probabilidad de producir respuestas electrodermales (siglas en inglés EDR) a los objetos de prueba relacionados al crimen.

En 1966, Richard Arthur, fue el director de la escuela de poligrafía de Backster y utilizaba un enfoque clínico hacia la poligrafía, inventó el Arther II para marcación de gráficas, fundó la publicación de poligrafía más antigua "Journal of Polygraph Science

Abogado que después se incorporó al Dep. De Policía de Chicago.

Desarrolló la técnica de preguntas comparativas

Desarrolló un dispositivo de contramedidas

Autor de varios libros sobre la detección de engaño e interrogación.

Desarrolló la "Técnica Reid."

BACKSTER CLEVE (1961)

Fue un pionero en el arte del interrogatorio, o interrogatorio de sospechosos, para la Agencia Central de Inteligencia de los Estados Unidos (CIA). Durante el empleo de Backster allí, él y otros investigadores fundaron la primera unidad de polígrafo de la CIA.

Desarrolló muchos de los conceptos de la poligrafía que han sido validados y que se enseñan en esta escuela

Prueba Zona Comparación (ZCT) (1961)

Cleve Backster (1961)
- Pregunta Sintomática (preocupaciones externas)

- Relevante de Sacrificio

-Barras de Tiempo

-Sistema de cuantificación estandarizado (sistema de evaluación numérico de graficas que permitía revisiones independientes)

Teorías de Backster que se utilizan hoy día.

- Set Psicológico
- Concepto Anticlimax Dampening
- Punto de Análisis
- Factor Externo Super Dampening

RICHARD O. ARTHER (1966)

Director de la escuela de poligrafía Backster.

- Utilizaba un enfoque clínico hacia la poligrafía.
- Experimentó con el GSR en función manual y recentrado.

- Desarrolló el Arther II, en el que colocaba una marcación de estímulo al principio y final de cada
- pregunta.
- Fundó el "Journal of Polygraph Science." La publicación de poligrafía más antigua.

DR. WILLIAM YANKEE (1968)

Delta College

Hizo un informe sobre la computarización para cuantificar mejor el polígrafo.

DR. JAMES ALLEN MATTE (1974)

Condujo numerosos estudios sobre el polígrafo. Le hizo pruebas a sordos. Desarrolló la Técnica Quadrazone (prueba de cuatro preguntas relevantes). Autor de:

Psicofisiología Forense -Utilizando el Polígrafo

Examinación y Contrainterrogatorio de Peritos en Psicofisiología Forense - Utilizando el Polígrafo.

Sidney Wise Arias, panameño, Poligrafista y miembro activo de la American Polygraph Association desde 1980, fundó en México, D.F. la Asociación Latinoamericana de Poligrafistas, Pionero de la Poligrafía en Colombia.

En septiembre del 2011, la APA presentó el Estudio Meta Analítico del criterio de exactitud de las técnicas poligráficas Validadas, documento guía que señala las técnicas poligráficas con mayor confiabilidad a la fecha.

En la actualidad en hemisferio sur, el Instituto Latinoamericano de Poligrafía, (LPI), viene liderando varias investigaciones científicas, algunas de ellas publicadas en los principales medios de difusión de la poligrafía, tal es el caso de "A First Look at Electrodermal Monitoring during Polygraph Pretest Interviews: The LPI Experience" con Donald Krapohl como investigador principal, publicado recientemente en la revista Polygraph, el principal medio de divulgación de investigación científica de la poligrafía.

Innovaciones al polígrafo.

Banda de presión sanguínea. Tubo Neumografico. Kimógrafo (dispositivo que halaba el papel a través del instrumento análogo a una velocidad constante.

-Fotopolígrafo (1930)

Desarrollado por C. W. Darrow. Fabricado por la compañía C. H. Stoelting Co. en Chicago, IL. No utilizaba tinta.

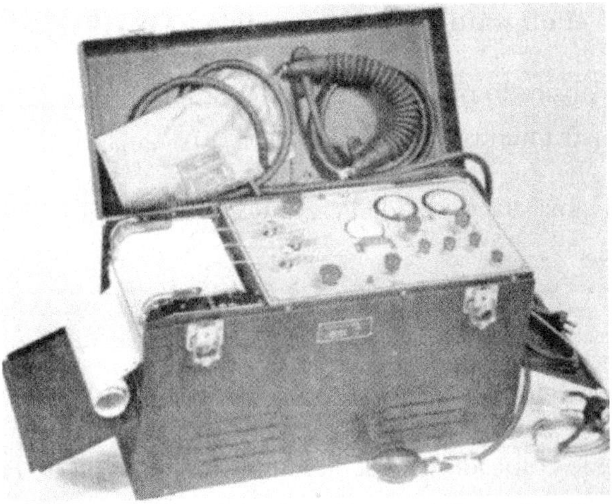

Imagen 7. Modelo 302 c, Imagen 8. Fotopolígrafo

Fuente. Matte, J.A. (1996). Forensic Psychophysiology Using the Polygraph, J.A.M. Publication

-Instrumento de poligrafía berkeley (1938)

Desarrollado por el Capitán Clarence D. Lee del Departamento de Policía de Berkley.

Hizo varias mejoras al polígrafo de Keeler. Lee también desarrollo una prueba de control para determinar la capacidad de respuesta de los sujetos. Primera Prueba STIM.

-Polígrafo cardio-neumo de stoelting (1951)

Diseñado por Cleve Backster. Instrumento de dos canales, considerado muy sensible en esa época.

-Polígrafo de keeler modelo 6338 (1952)

Fabricado por Associated Research of Chicago. El primer instrumento de Polígrafo de cuatro canales.

Había disponibilidad de tintas a color y variedad de empaques.

Modelo stoelting deceptograph 22500 (1955)

Fue colocado en operación por la unidad CID del Ejercito de los Estados Unidos. Anunciado como el instrumento de poligrafía de mayor uso en el mundo.

Monitor de estrés emocional modelo 22600 (1966)

The Stoelting Co.Más pequeño, más liviano y no se requerían 30 minutos de calentamiento como en la versión previa.

Modelo keeler pacesetter series 6308 (1967)

Se podía cambiar de portátil a una mesa sin herramientas.

Lafayette, modelo 76056 (1972)

Lafayette Instrument Company Lafayette, Indiana.

Primer instrumento en utilizar neumógrafos dobles.

Voice Stress Analysis (1973)

La policía Japonesa condujo un estudio sobre el tono, intensidad y duración de la voz. Concluyeron que los resultados no eran mejores que el 50-50.

En 1996, DODPI (Department of Defense Polygraph Institute) emitió un comunicado que decía que VSA no era un método preciso para detectar engaño.

En el año 1974, aparece el primer instrumento de poligrafía totalmente electrónico el Stoelting Polyscribe, la investigación se realizó de 1986 a 1988, y la manufactura y mercadeo de instrumentos computarizados inició en 1991, en la compañía Stoelting; en 1988, Bruce White de "Axciton Systems", también comenzó la investigación en instrumentos computarizados.

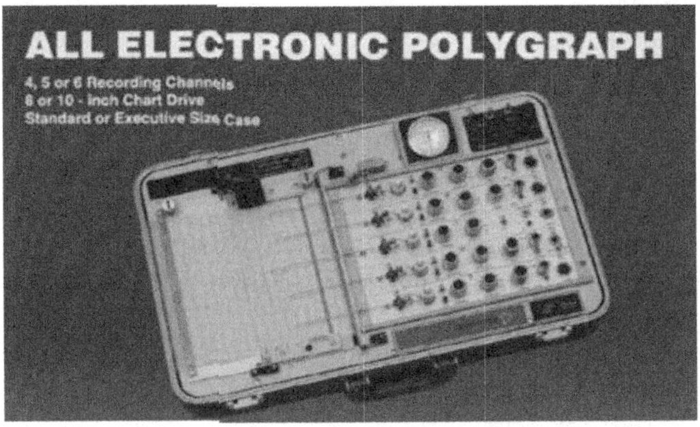

Imagen 10. Modelo Stoelting Polyscribe

El Sistema de Polígrafo Computarizado (CPS) de Stoelting, que consta de ocho componentes, fue desarrollado por Dr. David Raskin, PhD y Dr. John Kircher, PhD, en la Universidad de Utah, EUA. Este Sistema graba reacciones fisiológicas a través de sus componentes.

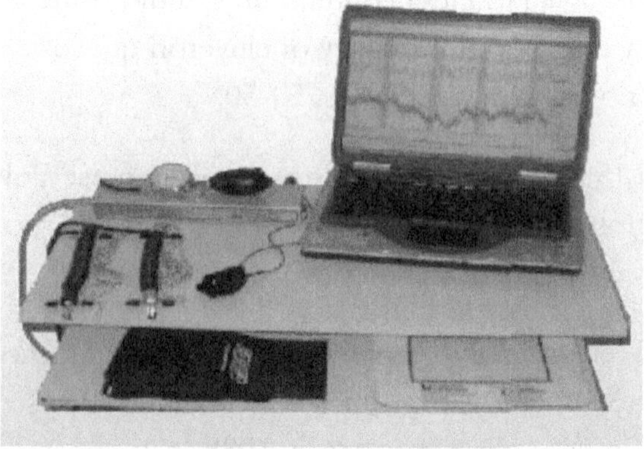

Imagen 11. Modelo Axciton Systems

Stoelting polyscribe (1974)

Primer instrumento de poligrafía totalmente electrónico.

Stoelting ultra scribe (1979)

Remplazo el polyscribe.

Tenía la capacidad de hacer un despliegue grafico del ritmo del corazón.

Los trazos del Cardio y neumo podían ajustarse.

Department of Defense Polygraph Institute (DODPI) (1986) (DACA) – Actualmente NACA.

Computerized polygraph instrument

La Investigación comenzó de 1986 a 1988. La

compañía Stoelting Co comenzó la manufactura y mercadeo en 1991.

Bruce White comenzó Axiciton Systems en 1988, que también comenzó la investigación en instrumentos computarizados, Polyscore (1989). Primer sistema poligráfico computarizado para evaluación. Investigado por la Universidad John Hopkins utilizando datos de exámenes de Axiciton.

Limestone Paragon Acquisition System

El nuevo instrumento reúne una serie de desarrollos tecnológicos que reflejan el compromiso de Limestone Technologies con la Calidad.

El desarrollo del polígrafo al rededor del mundo

Hoy más 57 países utilizan el polígrafo tanto en el sector privado como en el gobierno.

El instrumento de polígrafo análogo, tal y como se conoce hoy día, se ha utilizado y se sigue utilizando,pero ASTM Y APA limitó su uso en el año 2012.

Con el crecimiento la era de las computadoras, apareció el instrumento de polígrafo computarizado que utiliza programas basados en algoritmos.

Actualmente se esperan grandes cambios con la Inteligencia artificial **AI, y el desarrollo de movimiento postmodernista en el campo de la poligrafía.**

2
EL POLÍGRAFO

Definición

El polígrafo es un instrumento médico-científico ultrasensible que graba y registra simultáneamente las reacciones psico-fisiológicas indicativas de engaño, las cuales se presentan en el sistema nervioso autónomo de una persona, para demostrar que está diciendo algo que no es verdad.

El polígrafo, también conocido como detector de mentiras, es una máquina que utiliza electrodos para controlar los cambios en la frecuencia respiratoria, la presión arterial y la respuesta galvánica de la piel de un individuo. Al decir una mentira, es común que el sistema nervioso autónomo entre en modo de lucha o huida. La presión arterial y la frecuencia cardíaca del mentiroso aumentan y tienden a sudar, una respuesta galvánica de la piel. La máquina utiliza los datos recopilados para calcular datos estadísticos; los datos calculados se convierten en trazados de gráficos.

El polígrafo es un instrumento científico ultrasensible y de gran precisión, capaz de registrar de forma continua y simultánea en un gráfico las variaciones fisiológicas que se producen en el organismo de un individuo estimulado psicológicamente mediante determinadas preguntas. (White, 2001).

Tipos de polígrafos.

El polígrafo es un instrumento que generalmente se encuentran formados por tres principales partes, el neumógrafo, el galvanómetro y el cardiógrafo. El primero es la parte que estudia la respiración donde se leen la frecuencia de respiración, cuantas respiraciones se tiene por minuto, su calidad, la supresión; el segundo es la parte que estudio la electricidad de la piel, es decir, la energía que tenemos como ser humano, puede tener altas y bajas; y el tercero es la parte que estudio la frecuencia cardiaca.

Existen en la actualidad polígrafos:

1. Análogos
2. Electrónicos
3. Computarizados.
4. Y por último aparece la primera tecnología a nivel mundial rentable en detección de mentiras para combatir el fraude y la corrupción. Satisfactoriamente identifica el engaño a través de un detallado análisis del comportamiento de los ojos.

1. Los polígrafos Análogos

Son los llamados también mecánicos, donde las partes del neumógrafo y cardiógrafo son totalmente neumáticas y funcionan por aire o ventilación y el galvanómetro es la parte eléctrica junto con la gráfica que corre por medio de un pequeño motor, donde las lecturas se logran a través de una especie de plumilla con tinta liquida.

2. **El polígrafo electrónico**

Tiene un gran avance, sobre el anterior, ya que añade el neumógrafo y cardiógrafo, un botón de sensibilidad que ayuda para mejorar la impresión de la gráfica, sobre todo en el segundo, ya que al brazal se le pone menor presión y con el botón se puede obtener una gráfica de tamaño grande y clara, la impresión de las graficas se continúa realizando con tinta liquidad sobre papel, su manejo es sencillo y mejora su información.

3. **El polígrafo computarizado**

Ha marcado la pauta en su totalidad los dos anteriores modelos, ya que a través de un programa tiene las tres funciones, se pueden archivar los resultados en la memoria del disco duro del mismo computador (PC), esto puede ayudar a reimprimir todas las gráficas que sean necesarias para efectuar estudios manuales, sin embargo, el polígrafo tiene integrado un programa donde produce resultado de probabilidad de mentira.

4. **El polígrafo EyeDetect**

Mide las respuestas emocionales de una persona cuando miente, mientras que evalúa los cambios en la carga cognitiva asociada con mentir. Las dos tecnologías proveen fuentes de información de diagnóstico parcialmente independientes acerca del engaño y pueden ser usadas en combinación para obtener grandes ventajas en ciertas aplicaciones.

La primera tecnología a nivel mundial rentable en

detección de mentiras para combatir el fraude y la corrupción. Satisfactoriamente identifica el engaño con 85% de precisión a través de un detallado análisis del comportamiento de los ojos.

Poligrafía

Se trata la capacidad de los equipos para detectar los estímulos fisiológicos que se producen al mentir, la implementación, el uso, la técnica, metodológica; y el cumplimento de los estándares científicos establecidos por organizaciones serias y de alta credibilidad como la APA (American Poligraphy Asociattion

Las naciones más avanzadas en el uso de la poligrafía en la actualidad son España, Inglaterra,
Suiza, Estados Unidos e Israel; prestigiosos institutos como la European Poligraph Asociation-
EPA3 y el American Poligraph Asociation - APA4 son importantes centros académicos que
forman poligrafístas de todo el mundo y generan investigación, desarrollo y avances tecnológicos
que han contribuido a la continua optimización de esta disciplina.

Análisis de autoridades científicas y el respaldo a la poligrafía

El profesional de poligrafía hoy en día, desarrolla en cada examen una metodología científica estandarizada, que ha sido el producto de años de investigaciones tanto en laboratorios como en campo. Existen investigaciones de criterios científicos, respaldados por la **ASTM INTERNATIONAL (AMERICAN SOCIETY FOR TESTING AND MATERIALS)**Es una organización de normas internacionales que desarrolla y publica, acuerdos voluntarios de normas técnicas para una amplia gama de materiales, productos, sistemas y servicios)., las principales universidades del mundo vienen desarrollando la disciplina científica denominada: **Psicofisiología Forense**, responsable del desarrollo de programas de investigación sobre la aplicación del polígrafo en distintos campos.

Mediante la **Psicofisiología Forense** se ha puesto en práctica nuevas técnicas de interrogación validadas por los resultados obtenidos en pruebas de laboratorio y casos reales, los datos estadísticos obtenidos reflejan que la fiabilidad del polígrafo está por encima de la mayoría de las técnicas forenses de investigación, únicamente superada (en 99% de exactitud) por la prueba de ADN. Diversos estudios realizados en los últimos años por organismos independientes han demostrado la fiabilidad y exactitud del polígrafo, rindiendo los siguientes resultados: Universidad de Stanford 96%, Universidad de Temple 92.4 %, Departamento de Defensa de los Estados Unidos 95%, Universidad British Columbia 96%, etc. Nuevas tecnologías y estudios realizados en la Universidad de Utah (Dr. Raskin) y en el laboratorio de Física Aplicada de la Universidad, John Hopkins (Dr. Olsen) asistidos por la Agencia Nacional de Seguridad de Los Estados Unidos, han permitido el desarrollo de potentes programas informáticos (Axciton, Identific, Polyscore y CPS) que aplicados en polígrafos computarizados son capaces de determinar la veracidad de un testimonio con una fiabilidad superior al 95%.

Los 4 Equipos de mayor aprobación en el mercado son Polígrafos: ***STOELTING, AXCITON, LAFAYETTE,***

LIMESTONE, los cuales cumplen con las necesidades actuales para su uso como herramienta fundamental para los exámenes de preempleo, rutina, específicos y evidenciarios.

Los procesos de validación de técnicas poligráficas son posibles en razón a dos factores fundamentales:

a) Son procedimientos que cuentan con criterios de administración, evaluación y diagnóstico

b) se acompañan con estándares de práctica que regulan las diversas fases de aplicación de un examen poligráfico.

En particular, la poligrafía cuenta con estándares formulados por las siguientes agremiaciones e instituciones, entre otras:

-American Polygraph Association - APA
-American Society for Testing and Materials – ASTM: ASTM International6
-American Association of Pólice Polygraphists7 – AAPP
-Asociación Latinoamericana de Poligrafístas8 - ALP

Examen psicofisiológico de polígrafo

Es la medición de las reacciones fisiológicas del examinado que se presentan cuando dice algo que no corresponde a la realidad.

El polígrafo es un instrumento técnico-científico ultrasensible que graba y registra simultáneamente las reacciones psicofisiológicas que se presentan en el sistema nervioso autónomo de una persona cuando dice algo que no es verdad. Todas las actividades de los seres humanos están reguladas por el "Sistema nervioso" que se divide en dos partes:

a) **El sistema nervioso central**, que está compuesto por el cerebro y la medula espinal y regula todas las actividades conscientes, como por ejemplo que yo recoja este lapicero y lo deje caer.

b) **El sistema nervioso periférico,** que está compuesto por Sistema Somático y Sistema Autónomo.

Este último es indispensable para esta prueba. Pues está compuesto del simpático y el parasimpático y se llama autónomo porque es independiente, es decir es inconsciente y no se puede controlar. Cuando una persona dice algo que no es verdad automáticamente y sin que la persona lo pueda evitar, su sistema simpático y parasimpático se desajusta; el simpático se dispara hacia arriba porque actúa como un acelerador y el parasimpático trata de volverlo a la normalidad. En ese desajuste, algunos órganos o sistemas que están conectados al cuerpo también se desajustan como son: el sistema cardiovascular, el sistema respiratorio y la conductancia electrotérmica de la piel, que son los cambios o reacciones que mide el polígrafo. (ILP material Estudiante 2016)

Está científicamente comprobado que cuando una persona miente se producen en su organismo, a través del sistema nervioso autónomo, reacciones fisiológicas y emocionales espontáneas de intensidad variable, la presión sanguínea, el ritmo cardíaco, la respiración y la conductancia de la piel se ven alteradas. (Novoa 2002)

Los canales de medición

-Banda neumo-torácica: para evaluar la respiración pulmonar.

-Banda neumo-abdominal: para evaluar la respiración pulmonar del entrevistado.

-Pletismógrafo: dos unidades que permiten medir el volumen de la sangre del entrevistado.

-Banda de cardio: indica la presión sanguínea del entrevistado

-GRS: para evaluar la respuesta galvánica (sudoración) de la piel

-Temperatura

-Sensor de movimiento

-Huellero digital

Para medir dichas reacciones, el polígrafo tiene los siguientes componentes:

a) Las bandas del neumo o de la respiración; Se coloca una en el tórax y otra en el abdomen; a través de esas dos bandas el instrumento va a medir los cambios o reacciones en su sistema respiratorio cuando se estén contestando las preguntas durante el examen.

b) La banda de cardio a través de la cual el instrumento va a medir las reacciones de su sistema cardiovascular cuando está respondiendo en el examen; se colocan en el brazo, funciona igual que cuando le han tomado su presión arterial. Esta banda se complementa con este sensor que Se llama el pletismógrafo que se colocan en el dedo pulgar; a través de este sensor el instrumento va a grabar los cambios en el volumen de sangre; este sensor funciona con una luz infrarroja y es uno de los componentes más modernos que tienen el instrumento de polígrafo.

c) El Galvanómetro, (GSR) son estos dos sensores que se colocan en el dedo índice y el dedo anular van a medir los cambios o reacciones fisiológicos en la conductancia electrodérmica de la piel cuando usted se está contestando las preguntas durante el examen.

d) Cojín sensor de movimiento (Skin Potential) que permite detectar cualquier movimiento que el entrevistado haga durante el examen; este otro componente permite observar la potencialización de su conductancia en la piel cuando se esté contestando las preguntas.

Como se puede observar es imposible engañar el instrumento del polígrafo; porque a través de todos estos componentes van a quedar registradas todas las reacciones o cambios fisiológicos. (ILP material Estudiante 2016)

Al respecto, Novoa 2002 manifiesta que está científicamente comprobado que cuando una persona miente se producen en su organismo, a través del sistema nervioso autónomo, reacciones fisiológicas y emocionales espontáneas de intensidad variable, la presión sanguínea, el ritmo cardíaco, la respiración y la conductancia de la piel se ven alteradas.

El polígrafo registra estas tres reacciones fisiológicas, las cuales ocurren en respuesta a las emociones de miedo o en situaciones de conflicto, cuando hay miedo se produce en el organismo cambios automáticos que preparan al cuerpo para la pelea o la huida. Tales cambios son debidos al sistema simpático, éste prepara el cuerpo para la acción. Las reacciones de este sistema cubren una gran área, ya que está formado por 22 centros nerviosos que envían mensajes a diferentes partes del cuerpo incluyendo los pulmones, las glándulas sudoríparas, el corazón y las arterias. El sistema simpático se activa rápidamente, pero es lento para que transcurran los efectos de una reacción (Mervis 2002).

3
LA ADMINISTRACIÓN DE LA PRUEBA

Definición

Detectar el engaño e identificar un trasgresor; para tal efecto, se cuenta con una herramienta de alta tecnología, el polígrafo.

Se hace referencia del uso de la poligrafía en más de 90 países a lo largo del mundo, dentro de los cuales resaltan Estados Unidos, Canadá, Alemania, Israel, Japón, India, entre otros, así como países latinoamericanos como Colombia, México, Guatemala, Salvador, Panamá, Ecuador, Perú, Paraguay, Puerto Rico; en los Estados Unidos, 28 estados cuentan con programas de certificación de poligrafístas, en 19 de ellos la prueba es admisible en la corte bajo la figura de la estipulación y en Nuevo México constituye plena prueba.

Algunas de las aplicaciones:

-Seguridad en General (interna de organizaciones y empresas)

-Evaluación de personal.

-Investigaciones personales

-Investigación criminal

-Departamentos de policía

-Servicios de inteligencia.

Temas que se abordan:

- Uso de drogas ilegales
- Apuestas
- Delitos no descubiertos
- Falsificación de solicitud
- Antecedentes penales (arrestos/detenciones)
- Antecedentes de tráfico
- Robos cometidos a empleadores y otras empresas en las que se ha trabajado en el pasado

El examen poligráfico consiste en tres etapas:

1. -La entrevista previa a la prueba
2. -La prueba propiamente dicha
3. -La entrevista posterior a la prueba

Metodología entrevista profunda

La focalización temática de cada uno de los puntos de análisis de información personal, se desarrolla a partir de técnicas de confrontación y de sensitividad (Capaz de sentir, experimentar sensaciones) de acuerdo a procesos y técnicas de discusión dirigida y de análisis poligráfico, de cada una de las áreas a evaluar.

En el proceso de entrevista profunda, se revisa desde una perspectiva clínica/laboral, los siguientes aspectos:

Área familiar.

Antecedentes y características del sistema familiar de origen.

Funcionalidad

Estabilidad en sus integrantes

Relación de pareja.

Situaciones significativas en pareja actual o previa.

Relaciones alternativas

Red social.

Personas cercanas al núcleo social del evaluado.

Actividades y situaciones de relevancia.

Sitio de residencia.

Referencia de poseedor de inmueble en donde vive la persona.

Otros sitios de residencia y causas de cambio de domicilio.

Convivencia en el mismo sitio con otras personas.

Áreas de identificación de tendencias sociopáticas

Confrontación directa al evaluado de situaciones vinculadas a los siguientes aspectos:

Participación en delitos.

Deslealtad y deshonestidad en el ejercicio de actividades personales.

Drogas.

Lesiones.

Cohecho y corrupción.

Contacto con personas o grupos que atentan contra la normatividad o lineamientos establecidos por las instituciones.

Procesos legales.

-Detenciones por autoridades civiles.

-Acusaciones

-Situaciones de duda en problemas personales o en el trabajo

Tipo y formato de perfil personal y de relación en la interactividad individual y laboral.

Problemática personal,
Disfuncionalidad
Inestabilidad.

Historial laboral.

-Situaciones relevantes en empleos previos

-Tipos de relación con otros empleados

-Conflictos con jefes inmediatos.

-Actos de deslealtad laboral

-Actividades vinculadas a actos ilícitos sucedidos en el entorno de trabajo.

-Estabilidad y permanencia en puntos de trabajo

Causas de salida de empleos previos.

-Identificación precisa de renuncia o terminación del contrató

-Liquidación

-Motivos por los cuales, el evaluado deja otros empleos.

-Demandas laborales.

-Movimientos sindicales.

-Antecedentes

-Referencias

Estado de salud.

Padecimientos actuales o previos

Tratamientos médicos actuales o previos

Medicamentos de consumo actual o previo.

Antecedente de salud familiares.Etc.

Accidentes.

Tipo de accidente.

Secuelas de accidente

Etiología de accidente.

Tiempo del accidente.

Actualmente, se ofrecen los siguientes tipos de pruebas de polígrafa:

Prueba de Polígrafo para Pre-Empleo:

El polígrafo pre empleo se realiza para verificar la confiabilidad del personal próximo a contratar mediante la verificación de aspectos de seguridad importantes para la existencia de una institución, tales como: vínculos con personas al margen de la ley, planes de infiltración, comisión de delitos, consumo de drogas psi-coactivas, entre otros.

Prueba de Polígrafo para Rutina:

La prueba de poligrafía rutinaria se realiza para verificar la confiabilidad del personal al momento de decidir su continuidad laboral, mediante la comprobación de aspectos propios de su conducta laboral, honestidad y lealtad hacia la compañía.

Prueba de Poligrafía para Robos o Fraudes:

Se realizan en caso de incidentes de inseguridad, hurtos, fraudes, fuga de información, etc., con el objeto de para detectar el o los responsables del hecho bajo investigación.

Robo de Información sistematizada (física o virtual):

Es usado para buscar información almacenada en forma física o en la memoria de un computador cargándola al computador del atacante, también esta modalidad se realiza con el robo de computadores o discos.

Prueba de Polígrafo para Deslealtad:

En los casos relativos a deslealtad se utiliza el polígrafo o detector de mentiras para obtener información acerca de conductas infieles del pasado que no pueden ser observadas en el momento. También se recurre al polígrafo en ocasiones en las que se enfrentan dos personas con testimonios distintos y hay que averiguar quién dice la verdad y quién miente cuando es la palabra de una persona contra la de otra.

Cuando se evalúa a un individuo que pretende incorporarse a una institución, la prueba tiene como fin "evidenciar" un comportamiento futuro, basado en conductas previas en la experiencia del sujeto, y que son consideradas de riesgo para el cargo que solicita. En el caso de las pruebas de Rutina o permanencia, se evalúa la persona en sus funciones y conductas laborales, que sean ilícitas que pongan en riesgo la seguridad de la institución (infiltración y penetración), así mismo el ocultamiento de irregularidades respecto a otras personas de la misma empresa.

Prueba del detector de mentiras para acusaciones sexuales

Pruebas de polígrafo (detector de mentiras) de alegaciones sexuales: Diseñadas para proteger a las víctimas potenciales: somos muy conscientes de que el abuso sexual es un asunto delicado. Las pruebas de delincuentes sexuales pueden determinar si un condenado en libertad condicional ha cambiado su comportamiento o mantiene la conducta que le llevó a prisión. En algunos países los delincuentes sexuales condenados se someten a tratamiento y pueden ser puestos en libertad bajo palabra cuando aceptan someterse a evaluaciones poligráficas periódicas y se considere segura su reincorporación a la comunidad.

Adicionalmente el uso del polígrafo para el tamizaje, que pueden ser diseñadas para investigar asuntos múltiples y asuntos de un solo tema (screening examinato), sobre todo en el sector del gobierno en apoyo de los programas antiterrorismo. También con las pruebas para una comunidad segura como las Pruebas para Ofensores Sexuales, la utilización del polígrafo para verificar que los ofensores sexuales en libertad condicional (sexual offender monitoring)o palabra estén cumpliendo con las condiciones que se les dieron para que salieran de la cárcel.

Post Convictos cuando la validez de estas aplicaciones está siendo desafiada continuamente. Añadiendo a estos factores es la posible exclusión de la poligrafía de la consideración por la comunidad de ciencias forense en las evaluaciones de las distintas disciplinas que caen dentro de ese ámbito.

Se realiza en cuatro fases: recolección de datos y preparación, entrevista pre test, administración de la prueba y una entrevista pos test. (Mervis 2002,).

Se realiza en cuatro fases: recolección de datos y preparación, entrevista pre test, administración de la prueba y una entrevista pos test. (Mervis 2002,).

En la primera fase o fase previa, se solicita información de carácter general sobre el examinado, y acerca del caso. En la entrevista pre test se busca Establecer empatía o rapport con el examinado. El examinador construye el cuestionario y lo estudia junto con el examinado. En la tercera fase, el test, se procede a realizar las preguntas del cuestionario registrando sus reacciones fisiológicas ante cada pregunta. La última fase se realiza cuando se requiere observar la consistencia de los datos obtenidos. Se realiza de nuevo el test, pero las preguntas se cambian de orden.

Las reacciones fisiológicas de la persona son mostradas en gráficos o mapas, dos o tres gráficos son necesarios para obtener una mayor exactitud en los resultados. (Saxe y Ben-shakar 1999).

El cuestionario está compuesto por preguntas relacionadas con el incidente, llamadas preguntas relevantes y otras preguntas, llamadas control, que no están relacionadas con el evento. Con estas preguntas se puede establecer el nivel de reacción normal de la persona y así compararlo con la reacción ante las preguntas relevantes. (Novoa 2002)

Existen diversas modalidades o test para la administración del polígrafo, que permiten hacer esta comparación, las cuales están agrupadas en dos categorías:

a) El Test del Engaño, el cual evalúa directamente si una persona está mintiendo y,

b) El Test de Información que determina el conocimiento o la participación de la persona en un suceso criminal. Cada una registra respuestas fisiológicas a preguntas con objeto de hacer inferencias sobre la participación o el conocimiento de una persona acerca de un hecho. (Raskin 1994).

Las técnicas del test de engaño evalúan la credibilidad, preguntando al sujeto cuestiones directas sobre su participación o conocimiento acerca de un hecho o incidente, a través de las preguntas control o relevantes, estas últimas incluyen un aspecto central del incidente, pero no intentan evaluar directamente el estado mental del sujeto durante el incidente o la interpretación del significado de los eventos (Raskin 1994).

Dentro de esta Técnica se encuentran los siguientes test; el test de relevancia e irrelevancia, test de pregunta control, y el test de control de mentira directa.

El Test de información mide la intensidad de las respuestas fisiológicas ante las unidades de información específicas, para determinar sí el sujeto tiene conocimiento directo de esa información.

Dentro de esta categoría se encuentran los Test de tensión máxima y el Test de conocimiento oculto. Este último, cuenta con mayor respaldo y en ocasiones ha llegado a ser admitido en la corte por tener mejor fundamento teórico. (Bashore y Rapp 1993).

A pesar de ello el polígrafo ha recibido varias críticas, por ejemplo, que no controla a los sujetos hiperactivos o hipo reactivos, que no muestran reacciones diferenciales a las preguntas relevantes, ni de control. Estas personas pueden ser diagnosticadas erróneamente como sinceras, cuando pueden estar mintiendo, lo que se conoce como los errores falsos positivos, o falsos negativos. (Saxe, y Ben-shakar 1999). No obstante, también se ha dicho que no tiene un 100% de confiabilidad, sin embargo, en respuesta a esto, se dice que ningún instrumento tiene ese nivel de confiabilidad, ni puede superar completamente los errores humanos. Sin embargo, con la existencia del polígrafo computarizado se ha podido responder a esta crítica, con este instrumento.

Según Kircher y Raskin (1988), se puede obtener un mayor nivel de confiabilidad, la Computadora obtiene resultados con mayor consistencia y minuciosidad, lo cual resulta ser como un segundo examinador que observa las gráficas y las interpreta.

En el año 2003, Friedman, (2003) registraba que el polígrafo en ese momento era empleado en 68 países, 16 de América Latina, utilizado en agencias de seguridad, en selección de personal e investigaciones privadas; además es utilizado como prueba judicial, específicamente en Guatemala y Panamá. En Estados Unidos, el polígrafo se admite como prueba judicial mediante un acuerdo entre el fiscal y el defensor.

Así las cosas, la técnica del polígrafo puede ser usada con seguridad, su uso no se encuentra restringido, no existe ninguna ley que regule o limite el uso y aplicación del polígrafo, se dice que mientras se respete la intimidad de la persona y que ésta, acepte libremente la aplicación de la prueba, mediante un consentimiento por escrito, no existe ningún obstáculo para su aplicación. Además, está técnica cuenta con gran respaldo, puesto que existe una Asociación Americana del Polígrafo (APA) la cual confirma la validez y confiabilidad de ésta técnica la cual confirma la validez y confiabilidad de ésta técnica. (Caps., 2002).

Estos rasgos fisiológicos son estándares o unidades de medición reconocidos internacionalmente por la comunidad poligráfica.

Al igual están respaldados por investigaciones de campo y laboratorio de distintas instituciones gubernamentales, universidades de Estados Unidos de Norteamérica, e investigadores, como:

-Department of Defense Polygraph Institute (**DoDPI**), luego **DACA** y ahora **NACA**, en su estudio publicado en agosto de 2006 denominado: Programa de detección psicofisiológica de la mentira. Análisis II- Curso # 503. Sistema numérico de evaluación del Instituto Poligráfico del Departamento de Defensa de los Estados Unidos de Norteamérica.

- Universidad de Utah, la Universidad Johns Hopkins
- Society for Testing Materials (ASTM international), que es una organización internacional reguladora de estándares y normas en el ámbito de procedimientos técnico – tecnológicos.
- Investigadores Krapohl y Kircher reconocidos por la The American Polygraph Association (APA), quienes realizaron estudios individualmente sobre la validación de rasgos fisiológicos relacionados con la mentira.

Los tipos de escalas

Son mediciones empleadas por las ciencias sociales y naturales, conocidas como escalas la ordinal, la nominal, de intervalo y de razón.

La escala de Intervalo es el nivel que se emplea para medir variables cuantitativas. Implica tener un orden en sus valores numéricos, posee un cero arbitrario que no corresponde a la realidad, solo se ubica para la distribución de los datos, pues la mayoría de este tipo de escalas suelen tener una dirección negativa y otra positiva, lo que permite observar cómo se comporta el fenómeno de estudio respecto a la distribución de los valores. La cual se usa en poligrafía precisamente la escala que se maneja es tipo intervalo, es conocida en el argot poligráfico como escalas de calificación de gráficos; esto en razón, porque los valores que contienen sus escalas de medición le son asignados a cada reacción según las reglas de calificación fisiológica de la poligrafía.

Las operaciones matemáticas como suma y la resta son operaciones más usuales en este formato de medición.

También es posible conocer valores intermedios entre dos valores principales, como la fecha, la hora o una calificación escolar; esto es, que si una persona obtuviera cero de calificación en su examen de conocimientos, no quiere decir que sus conocimientos se han nulos; o como en otro caso, cuando escuchamos que son las cero horas, esto no quiere decir que en ese momento no exista una hora del día o que no ha trascurrido las horas, sino más bien es un valor que atribuyó el creador de la escala a cierto punto de la noche, sin que el cero tenga relación directa con la realidad.

En la actualidad las escalas de medición validas de la poligrafía son las de tres puntos, siete puntos y método de calificación simplificado o empírico.

+1 0 -1

Escala de tres puntos

+3 + 2 +1 0 -1 -2 -3

Escala de siete puntos

+/-1 neumo

+/-2 EDA

+/-1 cardio

Escala empírica o simplificado

Fuente: Escalas de calificación en poligrafía.

Reglas de medición.

Son directrices que rigen el acto de asignar los valores a las unidades de medición. Estas reglas condicionan al investigador en su proceder de medición, tiene una base empírica y racional y permiten aumentar la objetividad de la disciplina mediante la conversión del dato sensible a un valor numérico.

Las reglas de medición o calificación en poligrafía son estándares en los que se resumen los criterios empleados para asignar los valores de acuerdo a las técnicas de la escala utilizada, correspondiente a los rasgos diagnósticos fisiológicos, las directrices para sumar dichos valores y los criterios de corte diagnóstico. Así como los lineamentos básicos para poder interpretar un gráfico.

4
TECNICAS DE POLIGRAFIA

Definición

Es un protocolo de ejecución de exámenes de psicofisiología forense.

Una técnica poligráfica incluye:

-Criterios de Administración: requisitos y pasos que exige la técnica para ser aplicada.

-Criterios de Evaluación: parámetros de medida - por puntos o global. Y que preguntas debo contrastar.

-Criterios de Diagnóstico: rango en el que se establece un resultado. NSR – SR / NDI – DI / NO OPINION/INC

El módulo de Aplicación Práctica de Evaluaciones Poligráficas y Practicas Reales incluye el manejo de expedientes de los resultados y la manera de dar a conocer los resultados, de acuerdo a las respuestas indicadas como son (Engaño Indicado (**DI**), No Engaño indicado (**NDI**) e inconcluso (**INC**) o no opinión (**NO**) otras técnicas se reportarán como Reacciones Significativas (**SR**) o Reacciones No Significativas (**NSR**).

Técnicas de Poligrafía / Tipos de Diagnósticos

NSR	No se presentó reacciones significativas de engaño.	SE UTILIZA PARA PREEMPLEOS Y RUTINAS.
SR	Presentó reacciones significativas de engaño.	
NO OPINION	No se puede dar resultados concluyentes.	PARA TODOS LOS EXAMENES.
NDI	No se presentó decepción indicada.	SE UTILIZA PARA ESPECIFICOS Y EVIDENCIARIOS.
DI	Presentó decepción indicada.	

De acuerdo a los Estándares de Práctica de la APA, a partir de 2012 todo examen poligráfico debe ser realizado con una técnica validada científicamente.

La validación científicamente de una técnica permite conocer con certeza (entre otros aspectos) su nivel de confiabilidad/exactitud y su tasa de resultados inconclusos.

Las técnicas poligráficas validadas en la actualidad, aparecen listadas en el:

Estudio Meta Analítico del Criterio de Exactitud de las Técnicas Poligráficas Validadas (APA, 2011).

En 2007, la American Polygraph Association (APA), adoptó un Estándar de Práctica, efectivo desde el primero de enero de 2012, en el cual se requiere que los miembros de la APA empleen técnicas de examen de Detección Psicofisiológica del Engaño (PDD) que cumplan ciertos niveles de criterio de exactitud.

TECNICAS PARA EVIDENCIARIOS / METODO TDA (Análisis de gráficas)	**TECNICAS PARA EXAMENES PAREADOS / METODO TDA (Análisis de gráficas)**	**TECNICAS PARA EXAMENES INVESTIGATIVOS / METODO TDA (Análisis de gráficas)**
Fase Usted Federal /ESS1 CD=.904(.032){.841 to .966} INC= .192 (.033) {.127 to .256}	**AFMGQT4,8 /ESS5** CD=.875 (.039) {.798 to .953} INC= .170 (.036) {.100 to .241}	**AFMGQT6,8 / 7 posiciones** CD=.817 (.042) {.734 to .900} INC=.197 (.030) {138 to .255}
ZCT Federal o Utah/ESS CD =.921 (.028) {.866 to .977} INC= .098 (.030) {.039 to .157}	**Fase Usted de Backster /Backster** CD=.862 (.037) {.787 to .932} INC= .196 (.040) {.117 to .275}	**CIT7 /Calificación de Lykken** CD=.823 (.041) {.744 to .903} INC=N/A
IZCT /Horizontal2 CD= .989 (.010) {.969 to .999} INC= .066 (.026) {.015 to .116}	**Fase Usted Federal / 7 Posiciones** CD=.883 (.035) {.813 to .952} INC=.168 (.037) {.096 to .241}	**DLST (TES)8 / 7 posiciones** CD=.844 (.039) {.768 to .920} INC= .088 (.028) {.034 to .142}
MQTZCT /Matte 3 CD= .994 (.013) {.968 to .999} INC=.029 (.015) {.001 to .058}	**ZCT Federal / 7 posiciones** CD=.860 (.037) {.801 to .945} INC= .171 (.040) {.113 to .269}	**DLST (TES)8 /ESS** CD= .858 (.037) {.786 to .142]
ZCT Utah DLC / Utah CD = .902 (.031) {.841 to .962} INC= .073 (.025) {.023 to	**ZCT Federal / 7 posiciones evidenciarios** CD=.880 (.029) {.028 to .948} INC=.085 (.029) {.028 to .141}	

.122}

ZCT Utah PLC /Utah

CD=.931 (.026) {.879 to .983}

INC= .077 (.028) {.022 to .133]

ZCT Utah Combinada /Utah

CD= .930 (.026) {875 to .984}

INC= .107 (.028) {.048 to .165}

ZCT Utah RCMP / Utah

CD= .939 (.038) {.864 to .999}

INC= .185 (.041) {.104 to .266}

Tabla 1. Tasa de decisiones correctas (CD) sin inconclusos, (desviación estándar), {intervalos de confianza, 95%} y tasa de inconclusos (INC) para técnicas PDD validadas. Las referencias pueden ser encontradas al final del reporte. Derechos de Autor American Polygraph Association 2011.

De acuerdo al Estudio Meta Analítico, se establece que:

- Exámenes diagnósticos de evento específico, empleados para propósitos de evidencia, deben ser conducidos con técnicas que produzcan un nivel promedio de exactitud de 90% o superior.
- Exámenes de diagnóstico conducidos empleando el protocolo de examinaciones pareadas, deben producir un nivel promedio de criterio de exactitud de 86% o superior.

- La investigación tuvo que presentarse de forma completa.
- La investigación tuvo que replicarse con iguales resultados.
- La publicación de la técnica estudiada tuvo que identificarse por su nombre o poder reportarse con suficientes detalles de manera que se pudiera identificar con facilidad.
- Cuando se reportaban múltiples técnicas, las cifras de eficiencia debían incluir cada técnica por separado.
- Las cifras de eficiencia tenían que arrojar resultados separados para NDI y DI.
- El criterio base de la verdad, debía ser considerado en forma independiente del resultado poligráfico.
- Los exámenes y la técnica de Evaluación debían ser respaldados por casos reales.
- Los casos reales debían ser seleccionados arbitrariamente.
- El diagnostico de NDI o DI en cada caso no debía tomar en cuenta resultados de otros exámenes del mismo delito.
- Exámenes conducidos con propósitos investigativos, incluyendo tanto exámenes de investigación criminal como exámenes de exploración, deben ser realizados con técnicas que produzcan un nivel promedio de criterio de exactitud de 80% o superior.

Técnicas más usadas en poligrafía

Nombre		Identificación
1.	Zona de Comparación Federal	ZCT Federal
2.	Zona de Comparación Fase Usted (Bi Zona)	ZCT Fase Usted ZCT Bi Zona
3.	Zona de Comparación UTAH	ZCT UTAH
4.	Técnica Modificada de preguntas generales de la Fuerza Aérea	AFMGQT
5.	Test de exploración con pregunta comparativa de mentira dirigida	DLST
6.	Test de Información Oculta	CIT

Siguientes son las únicas Técnicas que hasta el momento se han validado para la Poligrafía:

Técnicas Validadas para la Poligrafía

- Técnica Modificada de Preguntas Generales MGQT (61%)
- Test de información Oculta (80%)
- Técnica Reíd (83%)
- Técnica Relevantes/Irrelevantes (RI) (83%)
- Test de Espionaje Y Sabotaje (88%)
- Técnica Zona Comparación Federal (89%)
- Técnica Zona Comparación Utah (91%)

Adicionalmente, se estudiarán los formatos de exámenes de familiarización:

- Stim Test.
- CVOS.

Exámenes de familiarización

- Corresponden a una parte del protocolo de examen.
- Su aplicación es obligatoria en los diferentes exámenes.
- Cumplen diversas funciones:
    - ✓ Familiarizar al examinado con la metodología del examen.
    - ✓ Suministran un bosquejo de los patrones fisiológicos.
    - ✓ Permiten hacer ajustes de ganancias y centralizaciones.
    - ✓ Permiten tener evidencias sobre el nivel de colaboración del examinado.
    - ✓ Sirven como inducción a la metodología de la mentira dirigida.
    - ✓ Permiten evidenciar trazos inusuales .

Reglas Generales de los Exámenes de Familiarización

1. Deben ser presentados como parte de un protocolo científico.

2. Siempre se deben realizar como primera gráfica del examen.
3. Los patrones de reacción no deben ser tomados como una muestra exacta del patrón fisiológico del examinado.
4. En las fases de introducción y retroalimentación: el examinado debe entender su rol en el proceso y las implicaciones del resultado.
5. El examinador nunca deberá alterar los resultados del examen de familiarización.

Debe evitarse que el examen ponga en sobre aviso al entrevistado de cómo realizar contramedidas en el examen

TEST DE ESTÍMULO – STIM TEST

Existen dos tipos:

- Con Conocimiento.
- Sin Conocimiento (NO emplear).

<u>**Con Conocimiento**</u>

- Se puede correr antes o después de la entrevista.
- Tiene dos modalidades principales:
    - ✓ 5 números.
    - ✓ 7 números.

Modalidad de 5 números

1. Se anuncia al examinado que se le realizará un procedimiento de familiarización, en el que se generarán muestras de sus reacciones cuando miente, así como de su fisiología cuando dice la verdad.

2. Se entrega al examinado un trozo de papel, con la siguiente relación de números:

1

2

—

4

5

3. Se solicita al examinado que enuncie y luego escriba el número que hace falta en el papel.

4. Se explica que se ubicarán los sensores del instrumento y se le preguntará si escribió cada uno de los números de la lista:

…Escribió usted el número 1

…El número 2 Etc.

5. Se da al examinado la instrucción de mentir cuando se le pregunte si escribió el número 3 y responder con un "No"

6. Se explica la razón de ser de esta instrucción:

"Cuando usted responda con un NO a la pregunta de si escribió el número 3, va a estar mintiendo y en su cuerpo se van a generar todas las reacciones fisiológicas asociadas con el acto de mentir"

"De esta forma voy a contar con una muestra de cómo son sus reacciones cuando miente, así como 4 muestras de su fisiología cuando dice la verdad"

7. Una vez realizada la gráfica, se procede a retroalimentar el resultado al examinado:

"Esta gráfica resultó excelente. Tengo en este momento una muestra totalmente clara de sus reacciones cuando miente, así como cuatro muestras de su fisiología cuando dice la verdad".

"Es claro que usted no pueden mentir sin que su cuerpo reaccione. Las reacciones ante el número 3 fueron contundentes, a pesar que se trata de un asunto sin importancia"

"Mentir en las gráficas que vamos a realizar después le va a ocasionar reacciones mucho más fuertes, pues se trata de asuntos más delicados"

"En este momento es claro que usted se encuentra en plena capacidad para presentar el examen de polígrafo y que el instrumento está funcionando adecuadamente"

"Vamos a continuar con el examen…asegúrese de seguir todas mis instrucciones"

Modalidad de 7 números

Se siguen los mismos pasos, pero se emplea la siguiente relación de números:

1

2

3

—

5

6

7

Sin Conocimiento

En esta modalidad, se pide al sujeto que escriba en un papel un número entre el 3 y el 5…sin aclarar al examinador cuál fue el número elegido…

El examinador le anuncia el examinado que va a "detectar" cuál fue el número elegido. Bajo ninguna circunstancia se debe aplicar la modalidad *Sin Conocimiento*…

En esta modalidad, es imposible que el examen no se perciba como un prueba truco o magia.

Template (Plantilla) para el Stim Test – Versión de 7 números

- ¿Escribió usted el número 1?
- ¿El número 2?

- ¿El número 3?
- ¿El número 4?
- ¿El número 5?
- ¿El número 6?
- ¿El número 7?

En cualquiera de sus modalidades, en el Stim Test se graba una sola gráfica.

Examen de calibración y verificación de la sensibilidad (CVOS)

-Trata de un examen de familiarización alternativo al Stim Test, que será usado bajo circunstancias especiales (por ejemplo, cuando el sujeto se niega a mentir al número 3).

-Se realizará antes de correr el examen.

-Se debe anunciar al examinado, que se va a correr una gráfica especial para calibrar el instrumento a su perfil fisiológico.

-Se debe decir al examinado que se trata de un examen sencillo, para el cual se van a repasar las preguntas con anterioridad.

-En algunas ocasiones se emplea como estrategia para combatir las contramedidas, como se verá más adelante en el curso.

El examen CVOS contiene la siguiente estructura:

- Las preguntas 1 y 2, son preguntas neutrales.
- La pregunta 3 corresponde a una operación matemática simple
    - ✓ Se anuncia al sujeto que su propósito es confirmar su capacidad para procesar información
    - ✓ Se le solicita que resuelva mentalmente la operación y que responda con el resultado que considera correcto
    - ✓ No se repasa literalmente la operación matemática

La complejidad de la operación matemática, será consistente con el nivel educativo del sujeto.

En cualquier caso, la recomendación es que se incluyan dos operaciones matemáticas, por ejemplo:

¿Cinco por Cinco menos diez es igual a?

- La pregunta 4 hace referencia al consumo de drogas ilegales o medicamentos: ¿Ha consumido usted drogas sicoactivas o medicamentos el día de hoy?

Nota: se deberán hacer exclusiones si se presentaron admisiones relacionadas

- La pregunta 5 es similar a una Relevante de Sacrificio

¿Con relación a este examen, considera responder cada pregunta honestamente?

El intervalo entre una y otra pregunta debe ser de 20 – 25

segundos. Se debe prestar atención a las reacciones del examinado, así:

- Es normal y esperable que el sujeto reaccione con intensidad a la pregunta número 3…de hecho, si no reacciona a esta pregunta sería indicativo de problemas de incapacidad de reacción.
- Reacciones en la pregunta número 4, podrían ser indicativas de contramedidas farmacológicas. En este caso , se tomará nota pero no se hará ningún comentario al examinado.
- Es esperable y deseable una reacción a la pregunta número 5. En caso de ausencia de reacción a esta pregunta, se deberá volver a repasar las preguntas y correr de nuevo la gráfica.

Se debe prestar atención a los trazos generales y los patrones de reacción del sujeto

- La presencia de hipo o híper reactividad debe ser tenida en cuenta en el establecimiento de la aptitud del examinado para presentar el examen.

Una vez concluida la gráfica, se debe preguntar al sujeto cuál fue la pregunta que más le molestó.

Si responde que la pregunta que más le molestó durante la gráfica, fue la número 3 (operación matemática):

- Se le puede mostrar la gráfica, para que observe su reacción a esa pregunta.

Si responde que la pregunta que más le molestó, fue la número 4 (consumo de drogas o medicamentos):

- Se debe preguntar al examinado por qué, tomar nota de la respuesta, pero continuar el examen en cualquier caso.

Si responde que la pregunta que más le molestó fue la número 5:

- Se trata de un buen indicador acerca de la concentración del examinado…se debe continuar con el examen normalmente.

Ejemplo de Template (Plantilla) para el CVOS

X La gráfica va empezar, por favor no se mueva

1. Estamos en Quito?
2. Hoy es Sabado?
3. cinco por cinco menos diez es igual a?
4. Ha consumido alguna droga Psicótica o medicamento el día de hoy?
5. Con relación a este examen, planea responder cada pregunta honestamente?

XX La gráfica ha terminado, por favor no se mueva hasta que le indique.

TÉCNICAS VALIDADAS FRENTE A TÉCNICAS RECONOCIDAS

Definiciones

Técnicas validadas:

Son aquellas que han sido sometidas a un riguroso proceso, científicamente replicadas y publicadas de acuerdo con los Estándares establecidos por **ASTM International** (American Society for Testing and Materials, Es una organización de normas internacionales que desarrolla y publica, acuerdos voluntarios de normas técnicas para una amplia gama de materiales, productos, sistemas y servicios).

Técnicas reconocidas (aceptadas)

Son aquellas que se han utilizado a través de los años, las cuales son respaldadas por investigaciones y estudios, pero no han sido sometidas al riguroso proceso de **ASTM**.

Para cumplir los requisitos de **ASTM**, las técnicas poligráficas aceptadas en una investigación deben demostrar en estudios científicos un mínimo de 80% de efectividad.

Cabe destacar que un 20% de **NO OPINION o INCONCLUSOS** es permitido en los estudios científicos que respaldan exámenes poligráficos que han de presentarse ante un tribunal de Justicia o investigaciones. En vista de que no existen otros estándares para la profesión de Poligrafía – aparte de los que especifica ASTM-se utilizaron estos estándares para validar las Técnicas poligráficas.

Las siguientes son las únicas técnicas que hasta el momento se han validado para la Poligrafía:

- Técnicas Validadas para la Poligrafía según la clasificación que hacía la ASTM antes del año 2011.
- Técnica Modificada de Preguntas Generales MGQT (61%)
- 45
- Test de información Oculta (80%)
- Técnica Reíd (83%)
- Técnica Relevantes/Irrelevantes (RI) (83%)
- Test de Espionaje Y Sabotaje (88%)
- Técnica Zona Comparación Federal (89%)
- Técnica Zona Comparación Utah (91%)

Por su parte, la MGQT (Técnica Modificada de Preguntas Generales) no mostró la eficiencia necesaria para calificar como técnica efectiva y por lo tanto no se recomienda utilizar para diagnóstico, sino más bien para respaldar el resultado obtenido con otra técnica validada.

Validez de las técnicas

Para poder establecer la validez de las técnicas, la investigación científica cubrió los siguientes criterios:

- La investigación tuvo que presentarse de forma completa.
- La investigación tuvo que replicarse con iguales resultados.
- La publicación de la técnica estudiada tuvo que identificarse por su nombre o poder reportarse con

suficientes detalles de manera que se pudiera identificar con facilidad.

- Cuando se reportaban múltiples técnicas, las cifras de eficiencia debían incluir cada técnica por separado.
- Las cifras de eficiencia tenían que arrojar resultados separados para NDI No presentó Decepción Indicada y DI presentó Decepción Indicada
- El criterio base de la verdad, debía ser considerado en forma independiente del resultado poligráfico.
- Los exámenes y la técnica de evaluación debían ser respaldados por casos reales.
- Los casos reales debían ser seleccionados arbitrariamente.
- El diagnóstico de NDI o DI en cada caso no debía tomar en cuenta resultados de otros exámenes del mismo delito. Se utiliza para exámenes específicos y Evidenciarlos

Se aclara que en casos en donde se identificaron contramedidas, estos no debían ser concluidos.

No obstante, es necesario tener en cuenta los principios de:

- Administración: requisitos y pasos que exige la técnica para ser aplicada.
- Evaluación: parámetros de medida - por puntos o global.
- NSR No presentó respuestas significativas de engaño SR Presentó respuestas significativas de engaño. se utiliza para pre empleos y rutinas
- Diagnóstico: rango en el que se establece un resultado. NSR – SR / NDI – DI / NO OPINION/ INC

Estudio meta analítico del criterio de exactitud de las técnicas poligráficas validadas

American Polygraph Association (APA), 2011

Es la asociación líder en el mundo dedicada al uso de métodos científicos basados en la evidencia para la evaluación de la credibilidad. La APA promueve los más altos estándares de prácticas profesionales, éticas y científicas para sus 2700+ miembros a través del establecimiento y publicación de estándares para la práctica profesional que incluyen técnicas, instrumentación, análisis, investigación, capacitación y educación continua. La Asociación Americana de Polígrafos

En 2007, la APA *(American Polygraph Association),* adoptó un estándar de práctica, efectivo desde el primero de enero de 2012, en el cual se requiere que los miembros de la APA empleen técnicas de examen de Detección Psicofisiológica del Engaño (PDD) que cumplan ciertos niveles de criterio de exactitud.

Para tal efecto se establecen:

- Exámenes diagnósticos de evento específico, empleados para propósitos evidenciarios deben ser conducidos con técnicas que produzcan en nivel promedio de exactitud de 90% o superior.
- Exámenes de diagnóstico conducidos empleando el protocolo de examinaciones pareadas, deben producir un nivel promedio de criterio de exactitud de .86 o superior.
- Exámenes conducidos con propósitos investigativos, incluyendo tanto exámenes de investigación criminal como exámenes de exploración, deben ser realizados

con técnicas que produzcan un nivel promedio de criterio de exactitud de .80 o superior.

Estas técnicas que cumplan ciertos niveles de criterio de exactitud

El criterio de exactitud generalmente se refiere al grado en que el resultado de una prueba corresponde con el propósito para el cual el examen fue diseñado. En el campo de los exámenes PDD, el criterio de exactitud denota la habilidad de una combinación de técnicas de evaluación y calificación, para discriminar entre examinados honestos y deshonestos, y va desde 0.00 (ausencia de validez) hasta1.00 (validez perfecta).

Estos requerimientos establecen que los exámenes diagnósticos de un evento específico, empleados para propósitos evidenciarios deben ser conducidos con técnicas que produzcan en nivel promedio de criterio de exactitud de .90 o superior, con una tasa de inconcluso de.20 o inferior.

Los exámenes de diagnóstico conducidos empleando el protocolo de examinaciones pareadas, deben producir un nivel promedio de criterio de exactitud de .86 o superior, con tasas de inconclusos de .20 o inferior. Los exámenes conducidos con propósitos investigativos, incluyendo tanto exámenes de investigación criminal como exámenes de exploración, deben ser realizados con técnicas que produzcan un nivel promedio de criterio de exactitud de .80 o superior, con una tasa de inconclusos de .20 o inferior.

De esta forma, el objetivo es eliminar el uso de técnicas no estandarizadas, no validadas o experimentales en ambientes de campo, donde las decisiones pueden afectar las vidas de los individuos, la seguridad de la comunidad, la integridad profesional y la seguridad nacional.

Existe actualmente una serie de confusiones acerca de los formatos de preguntas de los exámenes que son a la vez similares y diferentes, y para la cual hay también alternativas en la selección de un método para el análisis de las gráficas. De la misma forma, es confusa la abundancia de investigación publicada, así como lo significativo y la aplicabilidad de esa investigación a las técnicas empleadas en ambientes de campo.

El Consejo Directivo de la APA asumió la responsabilidad de organizar esta información en la forma de una revisión sistemática y un metaanálisis de la literatura científica publicada que describe los criterios de validez de las técnicas poligráficas disponibles en la actualidad. En el curso de esta labor, en algunos momentos fue necesario criterio de exactitud es una forma de validez y en algunos reportes de investigación puede ser referido como exactitud en la decisión o, simplemente, como exactitud fue definir los que parecerían ser conceptos obvios.

Uno de tales conceptos es el de la validación, la cual, como aplica para los exámenes PDD, está estipulada por los Estándares de Práctica de la APA (sección 3.2.10) y se refiere a la combinación de:

a) Un formato de examen que conforma principios válidos para la selección de objetivos, la construcción de preguntas y la presentación en el test de los estímulos del examen,

b) Un método validado para el análisis de graficas que aplique a un formato de examen especificado. Aunque muchos factores pueden afectar la efectividad general de los exámenes PDD, estas dos partes se reconocen como fundamentales en el criterio de exactitud de los exámenes PDD.

La exactitud de todos los exámenes es contingente a estas dos actividades: obtener una suficiente cantidad de información diagnóstica e interpretar esa información de manera correcta.

El comité *ad hoc* para examinar la evidencia sobre el criterio de exactitud de las técnicas de poligrafía fue establecido por el presidente de la APA *Nate Gordon* durante la reunión del Consejo Directivo en marzo de 2011.

El comité estuvo compuesto por el Ex Presidente y director del Consejo Directivo Mike Gougler (presidente del Comité), el Ex Presidente y Editor En Jefe Donald Krapohl, la Presidente Electa Pam Shaw, el Director de Junta Raymond Nelson y miembros de la APA como Mark Handler y Leonard Bierman. Para el año, 2011, suministró una ventana oportuna para completar esta revisión, no solo por los cambios pendientes en los Estándares de Práctica para los examinadores de campo, sino por el volumen de investigación aplicada que ha sido conducida en los años recientes.

El comité reconoció que este metaanálisis y la difusión de un listado de técnicas de poligrafía validadas, podrían aportar para una especie de una aprobación de facto de aquellas técnicas. El comité también tuvo en consideración que existen temas tanto financieros como de propiedad, relacionados con la formulación de tal lista.

Las partes interesadas representan un grupo diverso de profesionales e intereses. La efectividad de la APA y la credibilidad de la profesión de la poligrafía requirieron que el comité le diera precedencia a la exactitud e integridad de la revisión de la investigación sobre los intereses personales y financieros de cualquier individuo que haya desarrollado técnicas de examen PDD.

La aproximación primordial del comité fue un proceso de revisión incluyente en el cual cualquier parte interesada podía enviar datos de apoyo e información para ser considerada. Esto no quiso decir que cualquier cosa que fuera remitida seria automáticamente incluida o aprobada como válida, si no que quiso decir que todas las recomendaciones serían consideradas. El comité inició su proceso con una discusión de los méritos y fortalezas de la investigación de laboratorio y de campo. Los estudios de campo son importantes a la investigación en poligrafía en la medida en que tienen la ventaja de la validez ecológica5 y se asume que incrementan la generalización.

Sin embargo, la generalización de los estudios de campo está comprometida en un nivel desconocido por el proceso de selección que necesariamente depende de la disponibilidad de datos de confirmación que frecuentemente están incompletos. La información de confirmación del mundo real es selectiva, ni azarosa ni representativa de toda la información y los datos confirmados frecuentemente pueden contener resultados PDD correctos en comparación con los casos no confirmados.

Como resultado, los estudios de campo pueden sobre estimar en algún grado la exactitud de las decisiones PDD. Mientras que los estudios de campo son altamente útiles para estudiar correlaciones, proveen mediciones imperfectas del criterio de validez. Los estudios de laboratorio también son importantes para la investigación en poligrafía en la medida en que permiten un más fácil control y una reducción del sesgo de investigación y muestreo. El uso de diseños de investigación experimental y cuasi experimentales, junto con un muestreo y una asignación de criterios al azar, puede incrementar la generalización y repetibilidad de los resultados de investigación.

Debido a su habilidad para controlar un mayor número de variables, los estudios de laboratorio son fundamentales para estudiar preguntas de causalidad y para construir validez. Sin embrago, la generalización de los estudios de laboratorio se complica por el hecho que esos estudios pueden no representar el amplio rango de variables que se piensa pueden influenciar los resultados de los exámenes de campo. Se presume entonces que tienen una validez ecológica más débil en un grado desconocido, en comparación con los estudios de campo.

La validez ecológica se refiere a que tan adecuadamente los ambientes, procesos, sujetos y materiales experimentales coinciden con aquellos presentes en condiciones de vida real. Aunque no es lo mismo que validez externa, a mayor validez ecológica se puede contar con mayor confianza en que los hallazgos del estudio serán generalizables.

El comité tomó la posición que tanto los estudios de laboratorio como de campo tienen ventajas y desventajas y que ningún tipo por sí solo sería suficiente para estudiar todos los tópicos de preocupación de los investigadores en poligrafía. Ambos tipos de investigación son de vital importancia para el estudio y desarrollo del conocimiento en la profesión de la poligrafía.

Las diferencias entre el criterio de exactitud de los estudios de campo y laboratorio resultaron ser pequeñas e insignificantes estadísticamente en el reporte de año 2002 acerca del polígrafo, realizado por el Consejo Nacional de Investigación de los Estados Unidos. Con el propósito de revisar el estado actual de validación de las técnicas de poligrafía existentes, el comité les dio igual consideración a los estudios de campo y de laboratorio.

El comité empezó recopilando una lista de estudios que alcanzaron las expectativas en cuanto a los requerimientos cualitativos y cuantitativos de inclusión en la revisión, y para los cuales existieron dos o más publicaciones satisfactorias que describieran evidencia acerca del criterio de validez. El comité formuló recomendaciones acerca de cuáles técnicas cumplían con los requerimientos de las provisiones pendientes de la APA para 2012, en cuanto al criterio de exactitud.

El comité entonces condujo un meta análisis que sirvió como punto de referencia de los hallazgos, en comparación con los estándares APA de 2012 para exámenes Evidenciarios, pareados e investigativos. Adicionalmente, se realizaron pruebas estadísticas para revisar la integridad de los estudios y para buscar inconsistencias y resultados aislados que puedan ser moderados por factores externos.

Es importante para la credibilidad de los hallazgos del comité que los estudios que sean aceptados o aprobados estén basados en sus méritos y su calidad. Por esta razón, el acceso a la evidencia publicada y los datos en bruto se consideró como una prioridad. La lista de las técnicas validadas fue construida de acuerdo a una revisión sistémica de investigación publicada, en adición a un re análisis de los datos de estudio.

La inclusión en la revisión de investigación requirió que los estudios en el metaanálisis fueran publicados en *Polygraph* u otras publicaciones científicas revisadas por pares expertos.

Los estudios fueron considerados para selección si habían sido publicados por una institución que otorgue títulos académicos y que a su vez estuviera acreditada por una agencia de acreditación reconocida por el Departamento de Educación de los Estados Unidos o por un equivalente extranjero. Adicionalmente, fueron consideradas para la selección, publicaciones de investigaciones de estudios, financiados por agencias de gobierno. Textos académicos editados, incluyendo capítulos individuales fueron considerados.

La revista *Polygraph* se instituyó como revista con revisión de pares expertos en 2003. Los artículos publicados previamente a esta fecha fueron sujetos únicamente a revisión editorial. Debido a que *Polygraph* es una fuente importante a nivel académico e histórico, los estudios publicados antes de 2003 y sin revisión de pares, fueron incluidos en este meta análisis si cumplían todos los demás requerimientos cualitativos y cuantitativos para la selección.

Los requisitos sobre la información cuantitativa incluyeron alguna forma de estadísticas de confiabilidad para cada técnica, como evidencia de la generalización de los resultados. Varios tipos de mediciones estadísticas para la confiabilidad de exámenes PDD fueron reportados en la literatura publicada y se aceptó la inclusión de todos ellos. El comité entonces evaluó la confiabilidad, generalización y representatividad de las distribuciones de la muestra a través de un anova (Una familia de procedimientos estadísticos diseñados para dividir la cantidad total de la variabilidad de un conjunto de resultados en dos partes: las partes que pueden ser explicadas y las que no pueden ser explicada por la variable independiente).

Se esperaba que las múltiples muestras tomadas de la

misma población subyacente, examinadas empleando la misma técnica PDD y evaluadas con el mismo método TDA, serían replicadas dentro de las distribuciones de muestras de puntajes. También se esperaba que al agregar los resultados de distribuciones de muestras replicadas se obtendría mayor representatividad y generalización, en comparación con resultados de una única distribución de muestra. En adición a la información sobre el tamaño de la muestra, un mínimo de 4 valores estadísticos fue requerido para el meta- análisis: sensibilidad y especificidad del examen, así como tasas de inconclusos para casos de inocentes y culpables.

Continuando con el estudio de la literatura, se envió una lista de todas las técnicas identificadas a todos los directores o representantes de la totalidad de las escuelas acreditadas por la APA. Los directores de las escuelas o sus representantes fueron invitados a suministrar cualquier estudio publicado o citas de estudios publicados de técnicas que no estuvieran aún identificadas. Una técnica adicional fue sugerida para inclusión en ese momento. En un correo de seguimiento, una lista más corta fue enviada a todos los directores de escuelas o sus representantes, así como a otros investigadores involucrados en el desarrollo o validación de técnicas PDD. Esta lista incluyó técnicas para las cuales fueron identificados estudios publicados y replicados, junto con otra solicitud para suministrar cualquier publicación o citación de técnicas que no hubiesen sido incluidas en el estudio. Dos estudios adicionales fueron sugeridos para su inclusión en ese momento.

El comité contactó a los desarrolladores de técnicas PDD para las cuales había estudios publicados insuficientes para ser incluidos en el meta análisis y se solicitó asistencia voluntaria a cualquiera que estuviera solicitando su inclusión. Dos estudios que fueron finalizados subsecuentemente para la técnica Fase Usted de Backster, habían sido aceptados para publicación y estaban pendientes de impresión. Esta técnica fue incluida en el meta análisis. También fueron finalizados estudios adicionales de la técnica AFMGQT, la técnica Fase Usted Federal y la técnica DLST (Directed Lie Screening Test), los cuales fueron también aceptados para su publicación. El resultado de estos esfuerzos adicionales fue que una matriz de técnicas de uso común hoy en día, fue incluida en el meta análisis.

Treinta y siete estudios cumplieron con los requerimientos cualitativos y cuantitativos para su inclusión en el meta análisis. Estos estudios describieron los hallazgos de 52 resultados experimentales o de encuestas diferentes, involucrando 289 calificadores diferentes que suministraron 12.665 resultados evaluados de 4.283 exámenes, incluyendo 6.597 puntajes de 2.300 examinados deshonestos confirmados, 6.068 puntajes de 1.983 exámenes de sujetos honestos confirmados. Algunos de los casos fueron calificados por múltiples evaluadores, empleando múltiples métodos TDA. (Estudio Metalanitico, APA 2012)

Este resumen ejecutivo, muestra los hallazgos para aquellos métodos que contaban con evidencia publicada y replicada acerca del criterio de validez que cumplía con los requerimientos de los Estándares de Práctica de la APA. Ocho combinaciones de evaluación y análisis PDD cumplen con los requerimientos APA de 2012, para evaluaciones evidenciarías, 5 para exámenes pareados, y cuatro para exámenes de investigación.

Todas las técnicas que empleaban métodos TDA de 3 puntos, excedieron de manera consistente los requerimientos límite de 2012 en cuanto a tasas de inconclusos (20%). Debido a que las tasas criterio de exactitud para las técnicas con métodos TDA de 3 puntos no difirieron significativamente de los criterios de exactitud con escala de siete puntos, las prácticas de campo que involucren un análisis con el método TDA de 3 posiciones se pueden considerar como aceptables, si los resultados inconclusos son resueltos a través de un análisis subsecuente con un método TDA que provea tasas de exactitud e inconclusos que cumplan con los requerimientos de los Estándares APA 2012. (Estudio Metalanitico, APA 2012)

Sí los presentes resultados se considerarán como una sobre estimación de la exactitud TDD, la mayor causa serían las deficiencias en las metodologías de muestreo. Esto podría ocurrir debido a un exceso de confianza en los casos de confirmación a través de la confesión del examinado y sería probable que algunos lo argumentaran como una potencial inflación de la estimación de la exactitud, que podría resultar de la exclusión sistemática de errores de falso positivo o falso negativo, para los cuales no hubiese sido obtenida una confesión. Otra causa potencial de sobre estimación de la exactitud podría ser la falta de independencia entre el desarrollador de la técnica, el investigador principal y el examinador participante en algunos de los estudios incluidos. Si los presentes resultados fueran a ser considerados como una sobre estimación de la exactitud PDD, se podría argumentar que la causa principal fueran las deficiencias en la validez ecológica de la metodología experimental y de recopilación de los estudios incluidos.

Dos técnicas PDD, para las cuales los desarrolladores e investigadores principales tenían intereses financieros o de propiedad, produjeron tasas de exactitud que fueron diferentes significativamente e inconsistentes con los resultados de todas las otras técnicas. Mientras algunos podían tender a concluir que estas dos técnicas eran superiores a las otras técnicas, los estudios de soporte que las apoyaban demostraron tener más asuntos metodológicos no resueltos que otras técnicas incluidas en este metaanálisis.

Adicionalmente al descubrimiento del comité, de distribuciones anómalas de muestras en las dos técnicas cuyos estudios de soporte fueron realizados por los desarrolladores y propietarios, y para las cuales el desarrollador/propietario funcionó tanto como investigador principal y participante del estudio.

Desde una perspectiva científica, incluso buenos diseños de investigación generados por defensores de un método que tengan un interés creado con relación al resultado, y quienes actúen como participantes y autores del reporte de estudio, no tienen el poder insuperable de investigaciones que no estén afectadas por estos factores. Ambas técnicas han sido incluidas debidamente en este reporte porque cumplen la mayoría de los requisitos generales señalados en los estándares de práctica de la APA. El comité advierte acerca de esto debido al impacto potencial sobre la efectividad del examinador, resultante de la confianza en resultados aislados; sería prudente que los examinadores ejercieran una medida de precaución antes de aceptar información de estudios que mostraran efectos extraordinarios, antes que sean objeto de confirmación independiente y análisis exhaustivos.

El comité también buscó el promedio de los datos a lo largo de las técnicas. La tasa de exactitud promedio no ponderada fue calculada a partir de las proporciones de decisiones correctas, excluyendo los resultados inconclusos de los grupos de honestidad y deshonestidad, junto con el promedio no ponderado de las proporciones de resultados inconclusos para casos de honestidad y deshonestidad8. Adicionalmente, los resultados fueron agregados a técnicas de diagnóstico, técnicas de exploración y a todas las técnicas PDD incluidas en el meta análisis.

Excluyendo los resultados aislados, las técnicas de diagnóstico produjeron una tasa no ponderada combinada de exactitud en la decisión de .921, con una tasa combinada de inconclusos de .088. Las técnicas PDD adecuadas para exámenes de exploración multi tema produjeron una tasa combinada de exactitud en la decisión de .850 con una tasa combinada de inconclusos de .125. La agrupación no ponderada de todas las técnicas PDD validadas, excluyendo resultados aislados, produjo un nivel de exactitud en la decisión de .871 con una tasa de inconclusos de.127.

En el cierre, el comité plantea que aquellas preguntas científicas tales como las pertenecientes a la validación de los exámenes, tienen mejor respuesta a través de la evidencia científica. Las decisiones sobre políticas, en los niveles de agencia y público son más efectivas si son informadas a través de evidencia proveniente de estudios científicos. Este meta análisis debe ser considerado solo como una fuente de información y no debe intentarse que esta lista de técnicas PDD represente la autoridad final sobre la validación de exámenes PDD.

Aunque se logró el objetivo de crear una lista incluyente y exhaustiva de técnicas validadas, queda la posibilidad de que existan otros reportes de investigación, pero sean desconocidos por el comité. Nada debe prevenir el uso de cualquier técnica que esté soportada por estudios independientes, de rigurosidad similar en su contenido cualitativo y cuantitativo. La presente información es suministrada por el Consejo Directivo de la APA para presentar a sus miembros profesionales la fuerza de la validación de las técnicas PDD de uso en la actualidad. Esta información pretendió únicamente aliviar las cargas para los profesionales PDD y para ayudar en la toma de decisiones informadas acerca de la selección de las técnicas PDD para uso en ambientes de campo. También puede asistir a administradores de programas, desarrolladores de políticas y cortes para tomar decisiones basadas en evidencia acerca del valor informacional de resultados de exámenes PDD en general.

TECNICAS PARA EVIDENCIARIOS / METODO TDA (Análisis de gráficas)	**TECNICAS PARA EXAM ENES PAREADOS / METO**	**TECNICAS PARA EXAM ENES INVESTIGATIVOS**
Fase Usted Federal /ESS[1] CD=.904(.032){.841	AFMGQT[4,8] /ESS[5] CD=.875 (.039) {.798 to .953}	AFMGQT[6,8] / 7 posiciones CD=.817 (.042) {.734 to .000}
ZCT Federal o Utah/ESS CD =.921 (.028) {.866 to .977}	Fase Usted de Backster /Backster	CIT[7] /Calificación de Lykken CD=.823 (.041) {.744 to .903}
IZCT /Horizontal[2] CD= .989 (.010) {.969 to .999}	Fase Usted Federal / 7 Posiciones CD=.883 (.035) {.813 to [illegible]	DLST (TES)[8] / 7 posiciones CD=.844 (.039) {.768 to .920}
MQTZCT /Matte[3] CD= .994 (.013) {.968 to .000}	ZCT Federal / 7 posiciones CD=.860 (.037) {.801 to .945}	DLST (TES)[8] /ESS CD= .858 (.037) {.786 to .142}
ZCT Utah DLC / Utah CD = .902 (.031) {.841 to .962}	ZCT Federal / 7 posiciones evidenciarios CD=.880 (.029) {.028 to .948}	

ZCT Utah PLC /Utah CD=.931 (.026) {.879 to .983}		
ZCT Utah Combinada /Utah CD= .930 (.026) {875		
ZCT Utah RCMP / Utah CD= .939 (.038) {.864 to .999}		

Fuente. Material ILP Curso de Psicología Forense Poligrafía 2016

Notas de Pie de Página

1. El criterio de exactitud generalmente se refiere al grado en que el resultado de una prueba corresponde con el propósito para el cual el examen fue diseñado. En el campo de los exámenes PDD, el criterio de exactitud denota la habilidad de una combinación de técnicas de evaluación y calificación, para discriminar entre examinados honestos y deshonestos, y va desde 0.00 (ausencia de validez) h a s t a 1.00 (validez perfecta). El criterio de exactitud es una forma de validez y en algunos reportes de investigación puede ser referido como exactitud en la decisión o, simplemente, como exactitud.

2. La validez ecológica se refiere a que tan adecuadamente los ambientes, procesos, sujetos y materiales experimentales coinciden con aquellos presentes en condiciones de vida real. Aunque no es lo mismo que validez externa, a mayor validez ecológica se puede contar con mayor confianza en que los hallazgos del estudio serán generalizables.

3. La revista *Polygraph* se instituyó como revista con revisión de pares expertos en 2003. Los artículos publicados previamente

a esta fecha fueron sujetos únicamente a revisión editorial. Debido a que *Polygraph* es una fuente importante a nivel académico e histórico, los estudios publicados antes de 2003 y sin revisión de pares, fueron incluidos en este meta análisis si cumplían todos los demás requerimientos cualitativos y cuantitativos para la selección.

4. Uno de los estudios incluidos estaba compuesto únicamente por casos confirmados por confesión. Consistentemente con la preocupación conocida acerca de estimado de exactitud que pudiesen estar inflados como resultado de la confirmación por confesión como método para la selección de muestra, este estudio reportó un nivel de exactitud de decisión cercano a la perfección.

5. Los estándares actuales de la APA relacionados con investigación y publicación, estipulan que los investigadores principales no deben servir igualmente como participantes en el estudio (por ejemplo, examinados, examinadores o evaluadores). Sin embargo, esto no era un requisito en el pasado, de manera que no se excluyeron estudios del meta análisis basados en este criterio.

6. Se sugirió la inclusión de la Técnica Marcy. Sin embrago, no pudieron ser localizados estudios para esta técnica.

7. Todas las técnicas PDD que cumplen con el requisito de criterios de exactitud para exámenes pareados, también cumplen el requisito del estándar para exámenes investigativos y aquellas técnicas que cumplen el requisito del estándar para trabajo Evidenciario, también cumplen con los requisitos para exámenes pareados y de investigación.

8. El promedio no ponderado fue considerado como un cálculo más conservador y realista de la exactitud general de

todas las técnicas de examinación PDD. El cálculo del promedio no ponderado o la simple proporción de decisiones correctas, frecuentemente resultó en hallazgos estadísticos mayores que son menos robustos comparados con las diferencias en las tasas de base y, por lo tanto, menos generalizable

5
SISTEMA DE CALIFICACIÓN EMPÍRICA.

La generalización de este resultado aislado está limitada por el hecho que no se han publicado mediciones de la confiabilidad de examen de esta técnica. Igualmente, se encontraron diferencias significativas en las distribuciones de la muestra de los estudios incluidos, lo cual sugiere que: los datos no son azarosos o de muestras representativas; los exámenes fueron administrados de manera diferente; o las reglas TDA fueron aplicadas de manera diferente. Uno de los estudios que fue reportado en dos artículos, involucró una muestra pequeña (N=12), en donde también el calificador participante era igualmente el desarrollador de la técnica. Una de las publicaciones describió la investigación como un estudio piloto no ciego. Ambos reportes indicaron que uno de los 6 participantes honestos fue removido del estudio después de hacer una confesión falsa. La tasa de exactitud perfecta reportada, no incluyó la confesión falsa. Ni la exactitud perfecta ni la tasa de confesión falsa de .167 son probables para ser generalizadas a ambientes de campo.

La generalización de este resultado aislado está limitada por el hecho que los autores e investigadores habían advertido acerca de la necesidad de entrenamiento intensivo disponible solo para el desarrollador de la técnica y habían sugerido que la complejidad de la técnica excedía lo que otros profesionales podían aprender a partir de los recursos publicados. El desarrollador reporta un coeficiente de correlación cercano a la perfección de .99 para el método. Adicionalmente, los datos suministrados al comité para esta revisión fueron limitados: los puntajes numéricos para dos de los estudios incluyeron información únicamente para aquellos casos en los cuales el calificador llegó a la decisión correcta, y excluyeron los puntajes para los cuales los calificadores no alcanzaron la decisión correcta.

Existen dos versiones de la Técnica Modificada de preguntas generales de la Fuerza Aérea AFMGQT con diferencias estructurales menores entre ellas. No existe evidencia que sugiera que la ejecución de una versión es superior a la otra. Considerando que se requeriría evidencia rigurosa y replicada para rechazar la hipótesis nula que las diferencias no fueran significativas y considerando que los estudios seleccionados incluyen una mezcla de ambas versiones de la AFMGQT, los resultados se proveen como generalizables a ambas versiones de esta técnica.

La AFMGQT produjo una exactitud que es satisfactoria para exámenes pareados solo cuando se califica con el sistema de calificación empírica. Esta técnica es adecuada estructuralmente tanto para exámenes multi faceta de problema conocido como para usos en exploración multi tema.

El Test de Información Oculta, previamente conocido como Test de Conocimiento de Culpabilidad (GKT). Los datos usados aquí fueron suministrados en el informe de meta análisis de investigaciones de laboratorio por MacLaren (2001).

Denota técnicas de examen adecuadas para exploraciones multi tema. Los estudios para estas técnicas PDD fueron conducidos empleando reglas de decisión basadas en el supuesto de la independencia de criterio entre los objetivos de exanimación. La exactitud de estas técnicas de exploración puede ser mejorada posteriormente mediante el uso de una aproximación de obstáculos sucesivos.

Sistemas de unidades y patrones.

Proceso de medición: Es un proceso experimental físico que para poder llevarlo a cabo es necesario que intervengan tres sistemas:

a. El sistema objeto, que es la magnitud a medir. b. El sistema de medición, o aparato de medición. c. El sistema de comparación, que es la unidad arbitraria adoptada como referencia (por definición). Por ejemplo, en el proceso de medición de longitudes, el sistema objeto es la cantidad se desea medir. El aparato es una regla; la unidad arbitraria es la distancia que hay entre dos marcas, hechas sobre una barra patrón. Para que el proceso de medición quede perfectamente definido, así:

La misma da la interacción entre la unidad, el aparato de medición y el sistema objeto. La primera interacción se denomina calibración del instrumento, y la segunda medición del sistema objeto

Resumiendo, el proceso de medición define una magnitud física la cual da el resultado de la medición mediante un número real

Para tal efecto se definen algunas magnitudes:

- Magnitud: para que algo sea una magnitud física genuina, se debe poder definir entre los elementos del conjunto la igualdad y la suma.
- Cantidad: es la medida de una cierta magnitud. Por ejemplo, la longitud de un lápiz.
- Orden de cantidad versus orden de magnitud: no se puede hablar de orden de magnitud, ya

que no se pueden comparar magnitudes, pero sí se pueden comparar cantidades de la misma magnitud.

El criterio primario es la amplitud y los secundarios, la duración y ciertos rasgos morfológicos de la respuesta, dependiendo de la unidad de registro (Neumógrafo, electrodérmico y cardiógrafo). Estas unidades de medida se usan como parámetros de comparación con los datos de prueba registrados con el uso del polígrafo. Su identificación y su posterior análisis bioestadístico, permite emitir un diagnóstico de veracidad o falta de veracidad.

Tabla: Aceptación General de la Poligrafía a nivel mundial.

La Sociedad para la Investigación Psicofisiológica (Society for Psychophysiological Research - SPR –)	Fundada en 1960. En la actualidad cuenta con más de 800 miembros, El propósito de la SPR es el de promover la investigación sobre las interrelaciones entre los aspectos fisiológicos y psicológicos de la conducta.
La Organización Internacional de Psicofisiología (International Organization for Psychophysiology –IOP-)	Fundada en 1982 y dedicada a difundir el conocimiento y los hallazgos de investigación científica en el área de la Psicofisiologia1
La Asociación Americana de Poligrafía (American Polygraph Association – APA2)	Fundada en 1966, en la actualidad cuenta con más de 2.500 miembros.

El NCCA3 (National Academy for Credibility Assessment)	Patrocina una Maestría en Psicología Forense (con énfasis en Psicofisiologia Forense) en colaboración con la Universidad de Argosy.

Fuente Ensayo de Poligrafía Martha Cecilia Boshell Norman2014. pág. 22..

Estos rasgos fisiológicos son estándares o unidades de medición reconocidos internacionalmente por la comunidad poligráfica.

Al igual están respaldados por investigaciones de campo y laboratorio de distintas instituciones gubernamentales, universidades de Estados Unidos de Norteamérica, e investigadores, como:

-Department of Defense Polygraph Institute (DoDPI), luego DACA y ahora NACA, en su estudio publicado en agosto de 2006 denominado: Programa de detección psicofisiológica de la mentira. Análisis II- Curso # 503. Sistema numérico de evaluación del Instituto Poligráfico del Departamento de Defensa de los Estados Unidos de Norteamérica.

- Universidad de Utah, la Universidad Johns Hopkins

- Society for Testing Materials (ASTM international), que es una organización internacional reguladora de estándares y normas en el ámbito de procedimientos técnico – tecnológicos.
- Investigadores Krapohl y Kircher reconocidos por la The American Polygraph Association (APA), quienes realizaron estudios individualmente sobre la validación de rasgos fisiológicos relacionados con la mentira.

Los tipos de escalas

Son mediciones empleadas por las ciencias sociales y naturales, conocidas como escalas la ordinal, la nominal, de intervalo y de razón.

La escala de Intervalo es el nivel que se emplea para medir variables cuantitativas. Implica tener un orden en sus valores numéricos, posee un cero arbitrario que no corresponde a la realidad, solo se ubica para la distribución de los datos, pues la mayoría de este tipo de escalas suelen tener una dirección negativa y otra positiva, lo que permite observar cómo se comporta el fenómeno de estudio respecto a la distribución de los valores. La cual se usa en poligrafía precisamente la escala que se maneja es tipo intervalo, es conocida en el argot poligráfico como escalas de calificación de gráficos; esto en razón, porque los valores que contienen sus escalas de medición le son asignados a cada reacción según las reglas de calificación fisiológica de la poligrafía.

Las operaciones matemáticas como suma y la resta son operaciones más usuales en este formato de medición.

También es posible conocer valores intermedios entre dos valores principales, como la fecha, la hora o una calificación escolar; esto es, que si una persona obtuviera cero de calificación en su examen de conocimientos, no quiere decir que sus conocimientos se han nulos; o como en otro caso, cuando escuchamos que son las cero horas, esto no quiere decir que en ese momento no exista una hora del día o que no ha trascurrido las horas, sino más bien es un valor que atribuyó el creador de la escala a cierto punto de la noche, sin que el cero tenga relación directa con la realidad.

En la actualidad las escalas de medición validas de la poligrafía son las de tres puntos, siete puntos y método de calificación simplificado o empírico.

+1 0 -1

Escala de tres puntos

+3 + 2 +1 0 -1 -2 -3

Escala de siete puntos

+/-1 neumo

+/-2 EDA

+/-1 cardio

Escala empírica o simplificado

Fuente: Escalas de calificación en poligrafía.

Reglas de medición.

Son directrices que rigen el acto de asignar los valores a las unidades de medición. Estas reglas condicionan al investigador en su proceder de medición, tiene una base empírica y racional y permiten aumentar la objetividad de la disciplina mediante la conversión del dato sensible a un valor numérico.

Las reglas de medición o calificación en poligrafía son estándares en los que se resumen los criterios empleados para asignar los valores de acuerdo a las técnicas de la escala utilizada, correspondiente a los rasgos diagnósticos fisiológicos, las directrices para sumar dichos valores y los criterios de corte diagnóstico. Así como los lineamentos básicos para poder interpretar un gráfico.

Fuente Ensayo de Poligrafía Martha Cecilia Boshell Norman2014. pág. 22..

Estos rasgos fisiológicos son estándares o unidades de medición reconocidos internacionalmente por la comunidad poligráfica.

Al igual están respaldados por investigaciones de campo y laboratorio de distintas instituciones gubernamentales, universidades de Estados Unidos de Norteamérica, e investigadores, como:

-Department of Defense Polygraph Institute (DoDPI), luego

DACA y ahora NACA, en su estudio publicado en agosto de 2006 denominado: Programa de detección psicofisiológica de la mentira. Análisis II- Curso # 503. Sistema numérico de evaluación del Instituto Poligráfico del Departamento de Defensa de los Estados Unidos de Norteamérica.

- Universidad de Utah, la Universidad Johns Hopkins
- Society for Testing Materials (ASTM international), que es una organización internacional reguladora de estándares y normas en el ámbito de procedimientos técnico – tecnológicos.
- Investigadores Krapohl y Kircher reconocidos por la The American Polygraph Association (APA), quienes realizaron estudios individualmente sobre la validación de rasgos fisiológicos relacionados con la mentira.

Los tipos de escalas

Son mediciones empleadas por las ciencias sociales y naturales, conocidas como escalas la ordinal, la nominal, de intervalo y de razón.

La escala de Intervalo es el nivel que se emplea para medir variables cuantitativas. Implica tener un orden en sus valores numéricos, posee un cero arbitrario que no corresponde a la realidad, solo se ubica para la distribución de los datos, pues la mayoría de este tipo de escalas suelen tener una dirección negativa y otra positiva, lo que permite observar cómo se comporta el fenómeno de estudio respecto a la distribución de los valores. La cual se usa en poligrafía precisamente la escala que se maneja es tipo intervalo, es conocida en el argot poligráfico como escalas de calificación de gráficos; esto en razón, porque los valores que contienen sus escalas de medición le son asignados a cada reacción según las reglas de calificación fisiológica de la poligrafía.

Las operaciones matemáticas como suma y la resta son operaciones más usuales en este formato de medición.

También es posible conocer valores intermedios entre dos valores principales, como la fecha, la hora o una calificación escolar; esto es, que si una persona obtuviera cero de calificación en su examen de conocimientos, no quiere decir que sus conocimientos se han nulos; o como en otro caso, cuando escuchamos que son las cero horas, esto no quiere decir que en ese momento no exista una hora del día o que no ha trascurrido las horas, sino más bien es un valor que atribuyó el creador de la escala a cierto punto de la noche, sin que el cero tenga relación directa con la realidad.

En la actualidad las escalas de medición validas de la poligrafía son las de tres puntos, siete puntos y método de calificación simplificado o empírico.

+1 0 -1

Escala de tres puntos

+3 + 2 +1 0 -1 -2 -3

Escala de siete puntos

+/-1 neumo

+/-2 EDA

+/-1 cardio

Escala empírica o simplificado

Fuente: Escalas de calificación en poligrafía.

Reglas de medición.

Son directrices que rigen el acto de asignar los valores a las unidades de medición. Estas reglas condicionan al investigador en su proceder de medición, tiene una base empírica y racional y permiten aumentar la objetividad de la disciplina mediante la conversión del dato sensible a un valor numérico.

Las reglas de medición o calificación en poligrafía son estándares en los que se resumen los criterios empleados para asignar los valores de acuerdo a las técnicas de la escala utilizada, correspondiente a los rasgos diagnósticos fisiológicos, las directrices para sumar dichos valores y los criterios de corte diagnóstico. Así como los lineamentos básicos para poder interpretar un gráfico.

6
PASOS DE LA POLIGRAFIA

SALUDO

1. Rompe hielo
2. Presentación
3. Quiero contarle que es un procedimiento muy fácil, para que este más tranquilo le estaré explicando paso a paso lo que realicemos en esta prueba.
4. Comenzare por explicarle parte de los parámetros de los cuales se rigüe la prueba.
   a. Esta prueba es voluntaria, si no deseas no tienes que hacerla.
   b. Esta prueba tiene una duración de dos horas a dos horas y media. ¿Tiene el tiempo para realizarla en su totalidad el día de hoy?
   c. La prueba se grabara en audio y video todo el tiempo.
   d. en el momento que quiera terminarla lo puede hacer si así lo desea.
   e. Por su tranquilidad no se tocaran temas de su intimidad o sexo, religión o política.

f. y por ultimo mi trato hacia usted será siempre con el respeto que requiere, trato que espero sea reciproco de parte suya hacia mí.

g. DATOS PERSONALES

SSN	C.C. #
DOB	Fecha de nacimiento:
AGE:	Edad:

POB:	Lugar de nacimiento:
NATIVE LANGUAJE	habla otro idioma:
FAMILY STATUS	Estado civil:
GENDER	Género:
CITIZENSHIP	otras nacionalidad
PERSONAL INFO	Algo adicional:
HOBBIES	Tiempo libre:
DRIVER´S LICENSE	Licencias conducción
ADDRESS	Dirección:
	Barrio:
	Fijo:
	Celular:
CHILDREN	Hijos:
SCHOOLLING	Nivel Educativo:
REQUESTED BY	requerida para.

DATOS MEDICOS

SLEEP	Cuantas horas durmió anoche
PAINT	dolor físico
MEDICAL CONDITIONS	Condición medica
MEDICAL CONCEMS	Preocupación medica O dx Pendiente
GENERAL HEATTH	condición médica Gral.
MEDICATIONS	Medicamento prescrito
ALCOHOL	¿Antes de 24 horas consumió Alguna bebida alcohólica?
HEART CONDITION	Problemas cardiovascular, Soplos, infartos, taquicardias
MENTAL ABILITY	su estado emocional

PREGNANCY embarazo
ILLEGAL DROGS 24 h Consumió alguna Droga ilegal?
ADDICTIONS tiene algún tipo de adicción?
PSYCHOLOGICAL CONTACT ¿Ha recibido algún tratamiento psicológico o psiquiátrico?
COMMENTS Alguna cirugía, enfermedades graves, algún familiar con algún problema psiquiátrico de adicciones o enfermedades, antecedentes en la familia

EXPLICACIÓN DEL POLÍGRAFO

1- Que conoce del polígrafo?
¿Cuénteme se encuentra nervioso en este momento? Pues quiero contarle que los nervios es una conducta normal en el ser humano, y claramente es lógico ya que sentimos nervios cuando tenemos una entrevista, exponemos o salimos hablar en público; sin embargo le comento que el nerviosismo que tiene usted en este momento no interfiere en el resultado de la prueba ya que más adelante le realizare una prueba de familiarización la cual se detectara el grado de nerviosismo que tenga en este momento ya sea bajo, medio o alto y sobre esta línea de base se efectuara la prueba.
2- Ahora le comentare lo que si afecta la prueba.
   a. Que mienta.
   b. Que me oculte información.
   c. Que me hable con verdades a medias.
3- El polígrafo no detecta mentira pequeña o mentira grande o mentira piadosa o mentira grave; le explicare con un ejemplo. Hay dos personas que igual que usted se realizan la prueba de poligrafía con la gran diferencia que una de ellas se robó una resma de papel y la otra aspirante se robó

un cheque por más de 15 millones de pesos. Como se puede dar cuenta la diferencia a significativa sin embargo el polígrafo no diferencia de un robo grande de uno pequeño o la cantidad del robo. Por lo tanto resalto la importancia que sea totalmente honesto. ¿De acuerdo?

4- También le quiero contar como funciona el polígrafo; para esto debo explicarle que nosotros los seres humanos estamos regulados por el S.N el cual a su vez está dividido por el SNC y el SNP.

El SNC está compuesto por cerebro y medula espinal, los cuales sus funciones es darle órdenes a su cuerpo de realizar la acción que usted desee, por ejemplo apague su celular si es tan amable. Ok esta es una orden que le dio usted a la mano para que se moviera y apagara el celular.

El SNP, el cual a su vez está compuesto por el SN Autónomo; tal cual su nombre lo dice, funciona de forma autónoma le daré un ejemplo, en el momento de dormirse usted no programa a su cuerpo para que los pulmones sigan respirando o para que su corazón siga palpitando o para que su piel siga generando la sudoración. De esta forma funciona el organismo y este sistema nervioso autónomo se basa el polígrafo para dar sus resultado ya que esto no son controlados por usted si por su cuerpo.

SIMPATICO Y PARASIMPATICO

¿Tiene alguna pregunta hasta el momento?

¿De lo que le he explicado queda claro todo?

¿Quiere continuar con la prueba?

5-COMPONENTES

Sensor de Movimiento: el cual pondré en la silla y usted se sentara en él y este permite obtener un registro de los movimientos que usted haga durante la evaluación.

Bandas Neumos o Neumografos: los cuales colocare uno en la parte abdominal y parte torácica y permite obtener un registro del nivel respiratorio.

El Galvanómetro o Platinas: que nos permiten obtener un registro del conducto electro dérmico de su piel y lo colocare en los dedos índice y anular de su mano derecha.

La Banda Cardio: que la colocare en la parte superior de su brazo izquierdo y me permitirá registrar las pulsaciones cardiovasculares de su cuerpo.

6- AUTORIZACIÓN DE LA PRUEBA

FOTO

Ya haciendo de forma física la autorización de la continuación de la prueba por favor firma el consentimiento con número de cedula y con huella.

7- STIM TEST

A continuación haremos una prueba de familiarización, escribiré una secuencia de números del uno al siete, en la cual falta un número.

¿Qué número falta? Por favor escriba el número que hace falta y redondéelo en un círculo.

A las preguntas que le hare a continuación me contestara con un sí o con un no solamente, cuando le indique puede ampliar la respuesta su lo desea.

¿Usted escribió el # 1?

¿Usted escribió el # 2?

¿Usted escribió el # 3?

¿Usted escribió el # 4?

¿Usted escribió el # 5?

¿Usted escribió el # 6?

¿Usted escribió el # 7?

Ahora le pediré que me diga que no escribió el # 3, ya que esta mentira me generara un patrón de conocimiento cuando usted miente y tendré 4 patrones de conocimiento cuando usted me dice la verdad.

¿Usted escribió el # 1?

¿Usted escribió el # 2?

¿Usted escribió el # 3?

¿Usted escribió el # 4?

¿Usted escribió el # 5?

¿Usted escribió el # 6?

¿Usted escribió el # 7?

8- ENTREVISTA ESPECIFICO

7
CONTRAMEDIDAS

Definición

Método utilizado en forma deliberada por el sujeto con el objetivo de manipular los registros en la prueba **poligráfica**.

Las contramedidas son los intentos que el entrevistado hace con el objeto de distorsionar los resultados de la prueba de poligrafía.

Hay dos tipos de contramedidas, la física y la mental.

1.Contramedida física,

El entrevistado busca provocar dolor o tensión muscular, como morderse la lengua o colocar previamente artefactos como tachuelas dentro del zapato para logra dolor solo haciendo presión con el pie mientras se contesta la pregunta.

2. contramedida es la del tipo mental

Recurriendo a hacer operaciones matemáticas mientras se contesta la pregunta.

Entrevistados que tienen la intensión de mentir sin ser detectados, acuden a otros métodos como usar sustancias alucinógenas, bebidas alcohólicas o tranquilizantes. En estos casos, aunque el éxito de estas estratagemas no ha sido concluyente, es muy importante que el poligrafísta debe estar muy atento a los cambios de actitud del entrevistado y las variaciones que surjan especialmente durante las preguntas de control, con el objeto de detectar posibles contramedidas.

Entre algunas contramedidas están:

Automedicarse

Generalmente los evaluados creen que si ingieren alguna sustancia natural, ansiolítico o de algún otro tipo, 2no van a generar ningún inconveniente" para el examen. Para así controlar las alteraciones en su sistema nervioso que difiere del estrés amenazante. O algunos medicamentos supresores como, pueden ser: Atenolol, antihipertensivo, que disminuye la frecuencia cardíaca o la noradrenalina, norepinefrina y acetilcolina que tienen funciones desaceleradoras"

Manejo de la mente

Es una práctica que anuncian en diferentes portales de internet, donde indican que si durante la prueba se tienen pensamientos felices se disminuye la tensión, y generan un buen resultado durante la prueba poligráfica.

Técnicas de respiración

Se indica que como la respiración influye fuertemente sobre los demás canales, si se tiene un control constante del ritmo de la respiración los demás canales van a reaccionar acorde a esta.

Estímulos de dolor

Una de las contramedidas mayormente usada es generar estímulos de dolor en cualquier parte del cuerpo para así mostrar en las gráficas una alteración constante de los diferentes canales durante el examen y así desviar la atención e importancia de las preguntas relevantes e intensificar los márgenes de reacción de las irrelevantes. **Ejemplo:** Colocar una tachuela en tu zapato: Otra forma de provocar de dolor y alterar la respuesta de tu cuerpo al estrés es colocando una tachuela, clavo o pedazo de vidrio roto dentro de sus zapatos junto a tu dedo gordo. Cuando tengas que responder preguntas que necesiten respuestas largas, presiona el borde agudo de la tachuela.

Tensión muscular

El realizar algún tipo de tensión en cualquier parte del cuerpo genera una reacción en cadena de diferentes sistemas del cuerpo humano como lo es la respiración, la respuesta electro-dérmica de la piel, aumento o disminución del volumen sanguíneo como por ejemplo: la tensión abdominal que la realiza el evaluado cada vez que el poligrafista realiza una pregunta relevante

Altera los resultados de las preguntas de control

Éstas son las preguntas que crearán para tener una lectura de base para tu respiración, presión sanguínea, corazón y la frecuencia de transpiración. Tus otras respuestas serán juzgadas con estos resultados. Así que cuando te hagan una pregunta obvia, como "¿Están las luces encendidas en la habitación?" Altera tu respiración. Debes respirar más rápido, más lento, menos profundo, profundo. Incluso puedes retener el aliento. Necesitas hacer esto por aproximadamente 10 segundos después de cada respuesta, y después regresar a tu rutina de respiración normal.

Morder la lengua

El entrevistado muerde su lengua lo suficientemente fuerte como para provocar dolor, pero no un sangrado. Esto alterará tus respuestas al estrés que es lo que mide el polígrafo y hará más difícil que el investigador compare las respuestas con precisión. Sólo puedes utilizar este método para las preguntas que requieren una respuesta de sí o no, ya que morder tu lengua durante preguntas que requieren que digas más de una palabra o dos le dirá a los investigadores que estás intentando alterar los resultados.

Induce el pánico:

Altera tu presión arterial pensando en algo que te haga enojar, que te asuste o te frustre. Esto confundirá a la máquina del detector de mentiras y cambiará los resultados.

Restringe sus respuestas

Siempre que sea posible, restringe tus respuestas a un simple sí o no. No le des a los investigadores más información de la que es necesaria para trabajar.

Ten pensamientos complejos

Cuando respondas a una pregunta, trata de multiplicar

números grandes o piensa en el alfabeto al revés. Esto fuerza a tu mente a pensar en algo más que la situación estresante en la que te encuentras y cambia tu respuesta fisiológica a las preguntas.

Bebe algo de alcohol

No lo suficiente como para desperdiciar tu prueba, pero un trago de vodka (que no puede ser detectado en tu aliento) te relajará y te pondrá en una situación mental más tranquila.

Habla en tonos uniformes

No tartamudeas, aceleres tus respuestas o hables en un tono más alto de lo normal. Esto tal vez requiera algo de práctica de antemano. Pide a tus amigos que te hagan preguntas y respóndelas con una mentira deliberada mientras intentas mantener un tono normal, incluso relajado, de voz

Consumen drogas Alucinógenas

Era común escuchar que el consumo de drogas alucinógenas, alcohol o medicamentos podían afectar el resultado de prueba, hoy en día se sabe que estas sustancias, o el nerviosismo o eventos traumáticos recientes, falta de sueño, etc., no tienen una afectación significativa y directa en los resultados de prueba o en el incremento de errores de tipo falso positivo, o falso negativo, se sabe que se podría presentar un incremento leve en los resultados inconclusos (Política de idoneidad APA 2012).

Electrooculograph (EOG)

Registro de la actividad eléctrica producida durante movimientos de los ojos. Los EOGs han tenido dos usos principales en la prueba de engaño. Uno es como un indicador de engaño.

El dedo de la muerte

Cierta forma de expresión informal caprichosa para un patrón de trazo encontrado en el canal electrodérmico que esta supuestamente asociado con el engaño (Finger of death). Es la caída repentina del trazo electrodérmico poco después de la presentación de una pregunta relevante seguida por un regreso normal a la línea base, creando una impresión visual de un "dedo".

8
ETICA Y MORAL EN LA POLIGRAFIA

Definición

Podemos definir la moral como el conjunto de reglas o normas de comportamiento que establecen la distinción entre lo bueno y lo malo como criterio de perfección humana. En el plano más simple, se encuentran las costumbres o tradiciones y las formas de convivencia: Prácticas religiosas, económicas, procreativas, jurídicas, educativas, etc. Por encima de ellas se hallan los valores, que cumplen la función de principios universales: justicia, amor, verdad, etc. Ambos planos se entremezclan y configuran el nivel de la moralidad o moral. Así se puede hablar lo mismo de la oral de un pueblo que de la de un individuo, de la moral religiosa, que de la moral civil más primitiva que de la moral más civilizada.

En otro nivel se encuentra la ética. Ética (del griego *ethika,* de *ethos,* 'comportamiento', 'costumbre'), principios o pautas de la conducta humana, a menudo y de forma impropia llamada moral (del latín *mores,* 'costumbre') y por extensión, el estudio de esos principios a veces llamado filosofía moral. Este artículo se ocupa de la ética sobre todo en este último sentido y se concreta al ámbito de la civilización occidental, aunque cada cultura ha desarrollado un modelo ético propio.

La ética, como una rama de la filosofía, está considerada como una ciencia *normativa,* porque se ocupa de las normas de la conducta humana

Damos el nombre de ética al estudio sistemático de la moral, a la teoría de la moral. Así como una cosa es la belleza, impresa en las obras de arte, y otra distinta la estética, que estudia el fenómeno de la belleza, del mismo modo una cosa es la moral, manifestada en las costumbres y normas de comportamiento, y otra diferente es la teoría que la estudia A ésta teoría la denominamos ética. Incluso, es necesario hablar de éticas en plural, porque como veremos luego, son muchas y a veces opuestas las teorizaciones que a lo largo de la historia se han elaborado sobre la moral.

La ética no se limita, como algunos han pretendido, al estudio sociohistórico de la moralidad. Al intentar fundamentas la bondad de las conductas, la ética se vuelve disciplina normativa. trata de establecer en qué consiste el valor de bondad que atributos a determinadas conductas. Y cuando lo hace, simultáneamente establece una contraposición entre las conductas buenas y las malas, imponiendo el siguiente "deber" de seguir aquellas y evitar éstas. Ética es, por tanto la filosofía moral o la filosofía de la moral.

La ética no crea moral. Se encuentra con ella y la estudia. Analiza las formas concretas de comportamiento mortal, con el fin de definir la esencia de la moralidad, su origen y razón de ser, la estructura de la conducta moral (actos, actitudes, opciones, situaciones), las expresiones de normatividad moral (ley, conciencia, valores) y las diferencias de orientación entre las morales de distintas épocas, culturas y filosofías.

La ética, como una rama de la filosofía, está considerada como una ciencia *normativa,* porque se ocupa de las normas de la conducta humana, y para distinguirse de las ciencias *formales,* como las matemáticas y la lógica, y de las ciencias *empíricas,* como la química y la física. Las ciencias empíricas sociales, sin embargo, incluyendo la psicología, chocan en algunos puntos con los intereses de la ética ya que ambas estudian la conducta social. Por ejemplo, las ciencias sociales a menudo procuran determinar la relación entre principios éticos particulares y la conducta social, e investigar las condiciones culturales que contribuyen a la formación de esos principios.

PRINCIPIOS ETICOS

Los filósofos han intentado determinar la bondad en la conducta de acuerdo con dos principios fundamentales y han considerado algunos tipos de conducta buenos en sí mismos o buenos porque se adaptan a un modelo moral concreto. El primero implica un valor final o *summum bonum,* deseable en sí mismo y no sólo como un medio para alcanzar un fin. En la historia de la ética hay tres modelos de conducta principales, cada uno de los cuales ha sido propuesto por varios grupos o individuos como el bien más elevado: la felicidad o placer; el deber, la virtud o la obligación y la perfección, el más completo desarrollo de las potencialidades humanas. Dependiendo del marco social, la autoridad invocada para una buena conducta es la voluntad de una deidad, el modelo de la naturaleza o el dominio de la razón. Cuando la voluntad de una deidad es la autoridad, la obediencia a los mandamientos divinos o a los textos bíblicos supone la pauta de conducta aceptada. Si el modelo de autoridad es la naturaleza, la pauta es la conformidad con las cualidades atribuidas a la naturaleza humana. Cuando rige la razón, se espera que la conducta moral resulte del pensamiento racional.

Algunas veces los principios elegidos no tienen especificado su valor último, en la creencia de que tal determinación es imposible. Esa filosofía ética iguala la satisfacción en la vida con prudencia, placer o poder, pero se deduce ante todo de la creencia en la doctrina ética de la realización natural humana como el bien último.

Una persona que carece de motivación para tener una preferencia puede resignarse a aceptar todas las costumbres y por ello puede elaborar una filosofía de la *prudencia.* Esa persona vive, de esta forma, de conformidad con la conducta moral de la época y de la sociedad.

El hedonismo es la filosofía que enseña que el bien más elevado es el *placer.* El hedonista tiene que decidir entre los placeres más duraderos y los placeres más intensos, si los placeres presentes tienen que ser negados en nombre de un bienestar global y si los placeres mentales son preferibles a los placeres físicos.

Una filosofía en la que el logro más elevado es el *poder* puede ser resultado de una competición. Como cada victoria tiende a elevar el nivel de la competición, el final lógico de una filosofía semejante es un poder ilimitado o absoluto. Los que buscan el poder pueden no aceptar las reglas éticas marcadas por la costumbre y, en cambio, conformar otras normas y regirse por otros criterios que les ayuden a obtener el triunfo. Pueden intentar convencer a los demás de que son morales en el sentido aceptado del término, para enmascarar sus deseos de conseguir poder y tener la recompensa habitual de la moralidad.

Ética y la Poligrafía

Desde el punto de vista de la seguridad, la Ética se ocupa de la relación del hombre con la sociedad, especialmente en lo referente a su entorno laboral. Así tenemos que la Ética busca que el hombre(Mujer) Poligrafista:

a. Conozca los derechos humanos tal como están expresados en la Constitución Política y la Declaración de los Derechos Universales proclamados por la ONU y valoren la importancia que tienen para el bienestar y el desarrollo personal y social.
b. Se forme una conciencia personal y ciudadana que tenga como fundamento el conocimiento y aplicación de esos derechos.
c. Tome conciencia de la situación que está viviendo su País y ayuden a la construcción de su futuro.
d. Descubra y valore la necesaria relación que hay entre la persona y la sociedad.
e. Descubra y aplique los procedimientos de poligrafía más acertados, para llevar a cabo en caso de violación de la protección de las personas y los bienes puestos bajo su cuidado.
f. Reconozca que la exigencia de todo derecho humano conlleva el cumplimiento de un deber.

3. Aptitudes que le exige la Ética del Poligrafista

a. Saber escuchar, hablar y defender sus opiniones
b. Recolectar, reunir, comparar y evaluar las informaciones que recibe para obtener conclusiones objetivas y equilibradas.
c. Saber reconocer las bondades, los perjuicios y las discriminaciones.
d. Saber conocer y aceptar las diferencias.
e. Establecer con las personas relaciones constructivas y no represivas.

f. Resolver los conflictos de manera no violenta, aplicando la fuerza sólo cuando sea necesaria y en la medida y el tiempo adecuados.
g. Asumir las responsabilidades que sus aciertos y sus errores le generen.
h. Participar en las decisiones.

Los derechos fundamentales según la Carta Magna

Todos somos iguales ante la ley

- La justicias es para todos
- Los bienes del estado son patrimonio de todos los ciudadanos
- El estado debe crear oportunidades
- iguales para todos
- La protección y el trato de las autoridades debe ser igual

El derecho a la vida - se viola:

- Por un mal empleo de las armas
- Irresponsabilidad de conductores
- Embriaguez y drogadicción
- Incumplimiento de los deberes en el hogar

El derecho a la Integridad de la persona - se viola por:

(este derecho implica tanto la seguridad física como la mental)

- Desapariciones forzadas
- Tortura
- Interrogatorios ilegales
- Detenciones arbitrarias
- Complicidad en delitos

Derecho a la honra y a la vida privada - se viola cuando:

- Hay intromisión en las áreas privadas de las personas
- No se tiene reserva profesional
- Hay allanamientos ilegales
- Existe violación de la correspondencia y/o a las comunicaciones
- Se desprestigia a las personas

El derecho a la personalidad jurídica - se viola cuando

- Hay aplicación abusiva de la ley
- Se demora injustificadamente el otorgamiento de licencias
- Se exigen contribuciones para conceder permisos

- Se exigen más documentos que los que la ley dispone

El derecho a la libertad - se viola cuando

- Se somete a la persona a esclavitud física o moral
- Se impide el libre desarrollo de la personalidad
- Se le impide a la persona pensar libremente
- Se le somete a servidumbre mediante bajos salarios
- Se le somete a abuso sexual

El derecho a la libertad de conciencia y de religión - se viola cuando:

- Hay odios, egoísmo y ambiciones desmedidas para conseguir las cosas
- Se somete a otro a prácticas que van contra sus creencias
- Cuando se utiliza la docencia para inculcar doctrinas o políticas contrarias a las que la persona tiene.
- Se hace diferenciación de la persona por sus creencias religiosas.

El derecho a la libertad de pensamiento, de opinión y de expresión - se viola cuando:

- Se impide a una persona que piense libremente
- Se impide la entrada de pensamientos extranjeros de los cuales se puede tomar lo bueno
- Se imponen por la fuerza las propias ideas
- Se impide a las personas el derecho de comunicarse con los demás en los diferentes campos sociales, económicos, políticos y militares.
- Se limita la libertad de prensa
- La prensa da informaciones inexactas o tendenciosas

I.El derecho al trabajo. Es además una obligación - se viola cuando

- Se violan las condiciones establecidas en el Código Laboral y en los contratos
- Se somete al trabajador a condiciones infrahumanas
- Se pagan salarios injustos y se desconocen jornadas extras y dominicales y festivos
- El hombre es desplazado de sus tierras
- Se niegan las licencias de funcionamiento

El derecho a la libertad de reunión y de asociación pacífica. – Se viola cuando

- Se impiden la realización de paros o huelgas legales
- Se impiden las manifestaciones públicas
- Se impide la organización de sindicatos

El derecho a participar en el gobierno del propio país - se viola cuando:

- Se impide a los electores votar libremente
- Se impide a los candidatos hacer sus campañas políticas
- Se comercializa el voto

9
ANALISIS DE STRESS DE VOZ (VSA)

Definición

El VSA (VSA es el acrónimo de (*"Voice Stress Analyzer"*) Está técnica supone que al realizar una declaración falsa se genera estrés en el individuo, el cual se manifiesta a través de alteraciones en la dicción.

Aunque el VSA-15 es un supuesto analizador de la tensión vocal (VSA es el acrónimo de "Voice Stress Analyzer") y, por extensión, supuesto detector de mentiras de última generación, la mítica de tales artilugios se remonta a finales de los años 60.

Al respecto, Lykken (1998) cuenta que durante aquella década el ejército norteamericano financió varios proyectos de investigación para desarrollar métodos tecnológicos de detección del engaño que pudieran funcionar sin el conocimiento del sujeto examinado. Algunos de aquellos frustrados intentos consistieron en una silla especial que registraba subrepticiamente los movimientos del sospechoso al ser interrogado, y un ingenioso sistema de infrarrojos que, desde gran distancia y con sorprendente precisión, podía registrar el ritmo de inspiraciones y expiraciones del sujeto debido al enfriamiento o calentamiento de su labio superior, al cual apuntaba el artilugio (la utilidad de este último dispositivo para la detección del engaño es un enigma no sólo para nosotros, sino también para Lykken (1998), quien tuvo la oportunidad de experimentar con él en su laboratorio por aquel entonces).

Por ende, el objetivo de esta técnica es detectar niveles de engaño frente a situaciones específicas, para establecer factores de confiabilidad en términos de indicio de engaño, es decir declaración no confiable; y no indicio de engaño, es decir declaración confiable. (Posada 2002,).

La alteración en la dicción se puede explicar de acuerdo a lo siguiente. En situaciones de tensión, se genera una vasoconstricción en los músculos, incluyendo los cordones vocales, los cuales son principalmente tejido del músculo, estos se tensan y causan cambios inaudibles en la voz. A estos cambios se les llaman micro-temblores. (Novoa,2002).

Estos micro-temblores son provocados específicamente por un cambio en el ciclo de vibración de la voz, causando que los componentes de la voz FM, (modulación de frecuencia) sean inaudibles o poco perceptibles para quienes lo escuchan. Los micro-temblores FM se presentan cuando los músculos se contraen, debido al aumento del nivel de tensión en el sujeto; el VSA interpreta los incrementos de estrés a parir de la perdida de los micro-temblores FM, asimismo, detecta el aumento de un rango de frecuencia de hasta 12 Hertz.

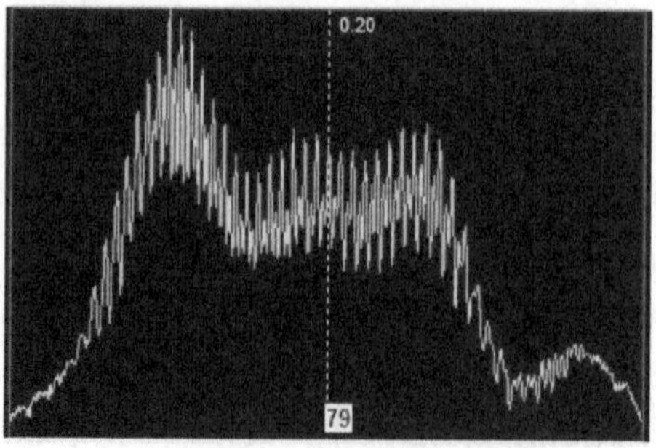

Image 1

Fuente http://idoneos.jimdo.com/analisis-de-estres-de-voz-vsa/

Los rangos normales de estrés en la voz son interpretados como verdad y los anormales como mentira; así mismo puede indicar inseguridad, inexactitud, excitabilidad y probable mentira. (Novoa,2002).

VSA es un programa de software que funciona bajo la plataforma de Microsoft Windows que detecta, mide y despliega el nivel de estrés psicológico a través de la voz humana.

De acuerdo a los estudios y análisis encontrados en cada equipo se pudo establecer que el Polígrafo frente al Análisis del estrés de la voz (V.S.A) posee mayor confiabilidad y viabilidad con respecto al uso de otras técnicas revisadas, puesto que cuentan con un mayor respaldo científico y viabilidad legal; a diferencia de V.S.A en técnicas como el uso de la entrevista asistida con medicamentos, las cuales quedan descartadas porque presentan pocos estudios científicos y además que sus hallazgos pueden resultar contradictorios, éstas incurren en las causales de inhabilidad para testimoniar.

Las técnicas, indicadores conductuales y control de realidad, aunque no fueron analizadas a profundidad, por no abundar la literatura e investigaciones respecto a ellas, éstas no encuentran impedimento desde la norma jurídica para ser usadas, pero su viabilidad se dificulta debido a que no cuentan con un sistema de medición para registrar y analizar cada una de las variables o claves de engaño que proponen.

La comparación entre dos instrumentos que argumentan detectar la mentira como son os de poligrafía frente al Stress Voice (V.S.A). Para tal efecto, se tuvieron que analizar los conceptos, equipos, investigaciones y estudios científicos (meta-analíticos) la utilización de los equipos, su uso y su confiabilidad, a través de quienes establecen los fundamentos respectivos para validar conocimientos de esta naturaleza; por lo que los resultados del estudio demostraron que la poligrafía cuenta con una veracidad en sus pruebas entre el 80% y el 94% según la técnica empleada.

Por su parte el Voice Stress tiene hasta un 68%, y en algunos casos se desvirtúa su efectividad comparándolo con el juego de azar.

Se trató la capacidad de los equipos para detectar los estímulos fisiológicos que se producen al mentir, la implementación, el uso, la técnica, metodológica; y el cumplimento de los estándares científicos establecidos por organizaciones serias y de alta credibilidad como la APA (American Poligraphy Asociattion

Los analizadores de la tensión vocal son dispositivos que supuestamente detectan la ausencia de ciertos micro temblores en la voz, lo que sería indicativo de que el sujeto está experimentando tensión.

El procedimiento

Acerca del procedimiento para aplicar la técnica, se dice que una vez que se determina que un sujeto debe ser evaluado a través de la prueba, el primer paso es escoger un momento o tiempo en el que el sujeto se encuentre en lo posible relajado.

El examinador entrevistará al sujeto y a través de técnicas de interrogatorio intentará obtener una confesión. Si no se obtiene una confesión, entonces la prueba es administrada y la gráfica de sus respuestas será analizada y leída con el sujeto presente. Si se evidencia en el mapa, engaño se le mostrará al sujeto las áreas en las que se observa. Aquí se le pregunta al sujeto que le ocurrió, en algunos casos es necesario realizar la pregunta nuevamente, pero mejor redactada.

Durante el tiempo de aplicación, el examinador no solo evalúa el mapa o gráfica de las respuestas, sino también las reacciones y las acciones del examinado.

Existe una versión computarizada de ésta técnica, que analiza y registra los micro temblores de una manera más confiable; y que al igual que el polígrafo, es aplicado en procesos de selección de personal, como en la investigación interna de empleados, cuando se ven envueltos en algún ilícito. En Colombia, ha sido empleada por algunas de las fuerzas militares y en agencias de seguridad como Sicurex, pero hasta el momento no ha sido utilizada en el ámbito judicial. (Posada, 2002).

Está técnica no cuenta con suficiente literatura científica que demuestre su efectividad, validez y confiabilidad, sin embargo, los pocos estudios encontrados están sustentos bajos un método científico, haciendo de sus resultados más confiables.

Al igual que el polígrafo, esta técnica puede convertirse una herramienta útil para el contexto judicial, como para el contexto psicológico.

Esta técnica sería un instrumento de prueba, que el psicólogo podría utilizar en su rol de perito; aunque su resultado no sea concluyente, en los que se pueda basar el juez para tomar una decisión.

Dichos resultados podrían correlacionarse con otras pruebas y así brindar mayor información al juez, acerca del hecho. Al igual que el polígrafo esta técnica no posee ningún tipo de limitación legal para que se utilizada, sin embargo, se requiere de mayor investigación y divulgación para que ésta comience a ser usada.

Analizadores de estrés vocal

En este caso, la detección del engaño sería posible observando las variaciones en los patrones de microtemblores de la voz que ofrecerían dichos aparatos.

Estos analizadores han ido apareciendo en el mercado bajo distintas denominaciones (no se incluyen las múltiples marcas bajo las que se han comercializado):

- PSE (*Psichological Stress Evaluator*) o Evaluador del Estrés Psicológico.
- PSA (*Psichological Stress Analysis*) Analizador de Estrés Psicológico.
- VSA (*Voice Stress Analysis*) o Analizador de Estrés de Voz.
- CVSA (*Computer Voice Stress Analysis*) Analizador de Tensión de Voz Computarizado.
- LVA *(Layered Voice Análisis)* Analizador de voz por capas.

Fundamentación teórica

En situaciones de estrés el cuerpo se prepara para la lucha o huida, cambiando su actividad muscular para adaptarla en términos de respuesta inmediata a la nueva situación. Todos los músculos sufren cambios importantes, incluidos los de la garganta y la laringe afectando, en este caso, a las vibraciones de las cuerdas vocales (y por tanto a su frecuencia).

En condiciones normales, al hablar, los músculos de la garganta y la laringe producen unos microtemblores que podrían ser detectados por determinados equipos. La activación que experimenta un individuo al mentir generaría una tensión que haría que dichos microtemblores desaparecieran.

Se basaría en el mismo principio que el polígrafo, pero las respuestas fisiológicas medidas serían diferentes: índices de voz como la intensidad, la frecuencia, el tono, armónicos o microtemblores.

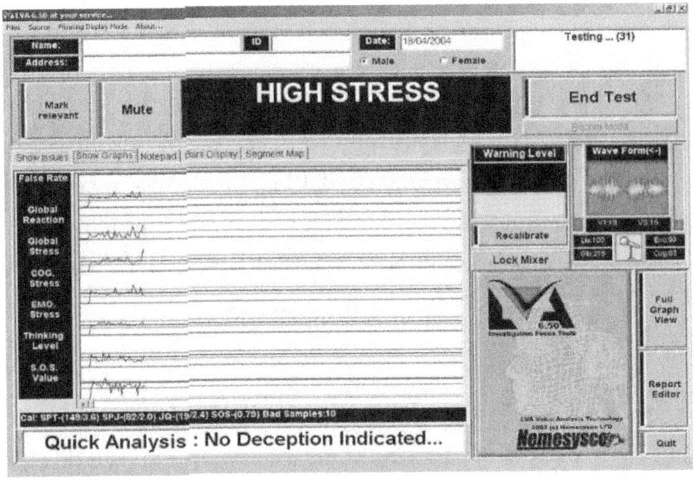

Fuentehttp://indiciosfisiologicos.blogspot.com.co/2013/10/analizadores-de-estres-vocal.html Pensé que está grafica era pertinente

Los instrumentos necesarios conllevan el empleo de micrófonos conectados a ordenadores con el software correspondiente.

Ventajas:

- Es una técnica no invasiva y encubierta (sujeto no consciente de ser evaluado)
- La información se pude recopilar rápidamente

Limitaciones:

- Detecciones en muchas ocasiones inexactas;
- No se puede aplicar la prueba de la pregunta control, ellas es el denominado Test de Pregunta Control (*Control Question Test*, CQT). En esta modalidad de interrogatorio se formulan a la sin tener información sobre el examinado, (Barland y Raskin, 1973), y sin acordar esas preguntas previamente (no posible en casos típicos de compañías aseguradoras);
- Sí se aplica un RIT (prueba de la pregunta relevante-irrelevante) no se tendrían en cuenta las diferencias individuales.

Valoración

Un estudio de 18 años realizado por el Dr. James L. Chapman, profesor emérito, ex director del Laboratorio de Criminalística Forense, Universidad Estatal de Nueva York en Corning, evaluó el uso de la tecnología de análisis de tensión de voz para la detección de estrés asociado con el posible engaño. El uso de un enfoque combinatorio de VSA y un proceso de interrogatorio estandarizado, el Dr. Chapman fue capaz de demostrar que VSA detecta el estrés asociado con las actividades delictivas en el 95% de la confesión de los casos estudiados obtenidos. El Dr. Chapman no encontró ningún caso en el que una confesión se obtuvo en ausencia de estrés.

En particular, se detectaron los niveles de estrés más importantes durante la investigación del asesinato, robo a gran escala y los delitos sexuales. El Dr. Chapman identificó que cuando VSA se utiliza como una herramienta de ayuda a la decisión de investigación de conformidad con los procedimientos operativos necesarios y las técnicas de entrevista VSA estándar se emplean, provocó confesiones de los presuntos delincuentes fuertemente pueden predecirse en base a los resultados de sus exámenes de VSA. Además, VSA puede ser utilizado por profesionales capacitados para apoyar la adquisición de los tribunales penales confesiones admisibles a una velocidad superior a otros métodos de interrogatorio legal actualmente empleadas por el sistema de justicia criminal.

Actas de la Conferencia Internacional sobre *Hawaii System Sciences* 2005, identificó que la tecnología VSA puede identificar el estrés mejor que el azar con el rendimiento próxima a la de los sistemas actuales de polígrafo. *El Air Force Research Laboratory* (AFRL) ha sido encargado por el Instituto Nacional de Justicia para investigar análisis de estrés de voz tecnología (VSA) y evaluar su eficacia tanto para militares y aplicación de la ley aplicaciones. Esta tecnología ha sido comercializada como disponible en el mercado en forma basada en ordenador, y comercializado como ser capaz de medir el estrés y en algunos sistemas de engaño. Esta tecnología se informó cómo más fácil de usar, menos invasiva y menos limitados en que el funcionamiento de la tecnología de polígrafo estándar.

Este estudio se ha encontrado que la tecnología VSA puede identificar mejor el estrés que el azar con el rendimiento próxima a la de la corriente sistemas de polígrafo. Sin embargo, no es una tecnología que es lo suficientemente maduro para ser utilizado en un tribunal de justicia. También encontramos que la experiencia y la formación mejora la precisión en menos individuos entrenados. Por último, hemos explorado cómo es la tecnología puede ser una herramienta efectiva de interrogación ,cuando se combina con la tecnología de polígrafo. Agregue a partir de El Air Force

En un estudio de tres años realizado por el Laboratorio de Investigación de la Fuerza Aérea de Estados Unidos en Rome, Nueva York (2000), el análisis de estrés de voz, se determinó que las unidades de estrés de voz probados fueron capaces de reconocer el estrés en la voz hablada. Además, estas unidades realizan igualmente sí la voz era una prueba en vivo o grabada.

El estudio también proporciona la advertencia de que se debe tener cuidado cuando se utiliza el análisis de estrés de voz, ya que sólo se debe utilizar como una herramienta de investigación y no se basó en un caso de conclusión.

Voice Stress Analysis (Análisis de Estrés de la Voz) o VSA. Tecnología desarrollada por el Ejercito de los Estados

Unidos y recomendado por el Congreso de EEUU después de los hechos de septiembre 11 (Acta de Seguridad de Aviación y Transportación, 16 de noviembre 2001).

"Una investigación del Laboratorio Técnico de la Fuerza Aérea de EEUU: Concluyo: Que el Análisis de Estrés de la Voz es efectivo en determinar cuando una persona muestra estrés al contestar preguntas en una entrevista."

96.12% de confiabilidad

VSA ha sido verificado 96.12% de confiabilidad. El Centro Nacional de Tecnología y Criminología, y el Laboratorio de Investigación de Tecnología de la Fuerza Aérea de los EEUU en Roma, Nueva York, hizo una investigación que duró tres años confirmando la validez de VSA. Los estudios fueron pagados por el Instituto Nacional de Justicia.

Confiabilidad en la honestidad de los empleados actuales y futuros.

Disminución en la rotación de personal Disminución de hechos problemáticos Mejora en el ambiente laboral VSA no molesta a la gente. No se siente invadida entonces no hay resentimiento contra la empresa pero es disuasivo Es aplicado por profesionales en un ambiente no agresivo La tecnología de VSA permite más preguntas El proceso es más rápido. La entrevista es estructurada pero los protocolos son flexibles para cada caso. Generalmente es más económico que el polígrafo.

Una Investigación con fondos federales a través de la Asociación Americana de Poligrafía en los Estados Unidos (APA) demostró "poca validez" en la técnica. Detectores de mentiras de voz ,usados desde hace varios años los departamentos de policía y agencias federales han sido el objetivo de los esfuerzos de marketing determinado por los fabricantes de detectores de mentiras basadas en voz. Hice los cambios en redacción y traducción

El directo argumento de venta desde principios de 1970 ha sido que su dispositivo de voz particular, es más preciso y cuestan menos que el polígrafo (o cualquiera de los detectores de mentiras voz de la competencia). Estos argumentos de venta apelan a los departamentos y agencias con problemas de liquidez, y si es verdad, los dispositivos que vienen rápidamente a sustituir el actual estándar de oro, el polígrafo. Hay por lo menos 10 dispositivos de voz diferentes que se venden en los EE.UU., son paquetes de software gratuito en Internet, y una lista creciente de aplicaciones para teléfonos inteligentes.

Surge entonces la pregunta ¿Por qué, entonces, han llegado dispositivos de voz que no superan la prueba del polígrafo en cumplimiento de la ley y el gobierno en los últimos 40 años?

Es un hecho que los detectores de mentiras voz se queda atrás el polígrafo, incluso en gran número de unidades. Y aunque algunos fabricantes de dispositivos de voz afirman haber vendido un número X de sus dispositivos a varias organizaciones, un número significativo de los departamentos de ellos rápidamente descartada después de descubrir que las realidades de los sistemas están muy lejos de lo que habían prometido los fabricantes de dispositivos de voz culparían a su impacto en el mercado limitado en el sesgo de los examinadores de polígrafo, pero la verdad va más profunda.

La primera razón para el fracaso de los detectores de mentiras de voz para capturar el campo es simple: son muy poco fiables. Más que eso, ellos han sido desacreditados por un por varias investigaciones que a continuación mencionare, lo que constituye un cuerpo grande y expansión de la investigación científica independiente. Esta es la razón principal por la que están prohibidos por el Departamento de Defensa de Estados Unidos. Con una precisión tan pésimo que son poco más que muy caros apoyos de interrogatorio. Corregí traducción y redacción

El Tribunal Supremo de Estados Unidos identificó en un fallo de tierra de la marca implica el uso de detector de mentiras, que era "no más precisos que los cara o cruz."

Hay tensión entre la comunidad de análisis de estrés de voz y el polígrafo comunidad, debido al hecho de que el polígrafo es fuertemente regulado y ha sido objeto de numerosos estudios científicos detallados, contenciosos, mientras que el análisis de tensión de voz es en gran parte no regulada. Sin embargo, hay estudios que enunciaremos muestran resultados VSA a ser incluso ,y que tienen menor tendencia a la probabilidad. Corregí traducción y redacción

Reconocidas Unidades de tensión de voz

-La Asociación Internacional de la Voz de Estrés Los analistas, Inc.

- (IAVSA), es la autoridad reconocida en los Estados Unidos para el análisis de estrés de voz y su aplicación.

-El IAVSA reconoce actualmente tres unidades:

- El VIPRE voz Stress Analyzer

- La Voz Tensión del ordenador Analyzer (CVSA),
- Y el forense de voz Stress Analyzer (FVSA).

Principio y orígenes

VSA es distinta de Capas de Análisis de Voz (LVA). La principal diferencia en el método de operación entre LVA y VSA se basa en las frecuencias analizadas rangos: mientras VSA se centra en el rango de 8 a 14 Hz, que se registra a través de un micrófono omnidireccional, LVA utiliza componentes de la voz como el tono y tono, que son controlables por el usuario, también varía de acuerdo con su / sus emociones en el momento de la enunciación. Cambio de emociones producir resultados poco fiables no siendo particularmente relevante para una detección del engaño escenario (DOD).

Aplicaciones

La tecnología VSA, junto con los protocolos de pruebas validadas, está diseñado para proteger a los inocentes y evitar resultados falsos positivos ". VSA está diseñado para ayudar a cualquier investigación mediante el establecimiento de la veracidad de las respuestas verbales de un sujeto.

No hay contramedidas físicas conocidas para VSA. A la inversa de acuerdo con Honts et al., El simple uso de una "pegajosidad 'colocado debajo de la lengua de la persona examinada, para ser utilizado como una contramedida, puede reducir la precisión de los resultados de polígrafo de 98% a 26%.

EL análisis de tensión de voz es de uso ilegal en

California sin su consentimiento, aunque los agentes del orden están exentos de esta ley. Muchas agencias de inteligencia, así como forenses privados, Psicofisiológos utilizan VSA con preferencia a la tecnología de detector de mentiras. Corregí traducción y redacción

Metodología y exactitud

Los grabados "micro temblores" en la voz de una persona se convierten mediante el algoritmo en un gramo de voz puntuable. La discrepancia en la precisión investigada puede resultar del mal entrenamiento o personas que utilizan la tecnología de forma incorrecta. Esto es evidente por algunos usuarios que tratan de la tecnología VSA "prueba" sin tener la formación acreditada recibido en el uso de los mismos. Corregí traducción y redacción

En el 2002 Clifton Coetzee, un polígrafo y el instructor VSA, ideó un método de puntuación para los grados de voz que incorporan el sistema de puntuación 'Utah 7 Punto',(La técnica Zona de Comparación Federal (FZCT) tiene sus orígenes en la técnica Backster de comienzos de la década de 1960) tal como se utiliza por diversos poligrafistas hoy en día. Los patrones de respuesta o reactivo se les asigna una ponderación de +3 a -3. Coloque de donde viene la técnica 7 puntos

Según la página web de la Asociación Americana de Poligrafía, a partir de múltiples estudios, se asume la exactitud del análisis de tensión de voz como un medio para detectar la veracidad del sujeto. Algunos investigadores o profesionales de polígrafo ponen en duda la validez de los resultados de dichas pruebas; muchos describen los resultados como no es mejor que el azar.

Por su parte, la Academia Nacional de Ciencias publicó un estudio realizado, en el que llegaron a la conclusión de que la prueba de su eficacia es "científicamente débil." De acuerdo con la Asociación Americana de Psicología, "la mayoría de los psicólogos están de acuerdo en que hay poca evidencia de que el detector de mentiras incluya pruebas que puedan detectar mentiras con precisión ".

Algunos casos reconocidos:

Tras el caso de 2012 en el que George Zimmerman disparó fatalmente adolescente de Florida Trayvon Martin, Zimmerman se le dio una prueba de análisis de tensión en la voz por el departamento de policía de Sanford, Florida. Él pasó la prueba. Una cinta de video de la prueba se dio a conocer en junio de 2012.

En un estudio publicado el 7 de diciembre de 2013 de la Revista Internacional de Eléctrica, Electrónica e Ingeniería Informática (IJEECE) encontró que la tecnología de voz Análisis de Estrés (VSA) puede identificar el estrés emocional mejor que el polígrafo.

Argumentos en defensa del VSA

Los VSA Son instrumentos tecnológicos desarrollados por las Fuerzas Armadas de los Estados Unidos. El VSA fue recomendado al igual que el polígrafo por el Congreso Americano después de los hechos de septiembre 11, en acuerdo de Acta e implementación de recursos de Seguridad de

Aviación y Transporte del 16 de noviembre 2001.

El VSA es un programa que detecta, mide y despliega el nivel de estrés psicológico a través de la voz humana y el polígrafo lo hace a través de diferentes mediciones, entre ellas el cardio, los neumas y la respuesta galvanométrica.

No es una ciencia nueva; es tan solo una nueva tecnología; esto en razón a que esta misma ciencia es la que se fundamenta en el uso del Polígrafo, la cual permite incluir ciertas reacciones fisiológicas que se generan ante una amenaza que ve representada en pregunta la persona que se somete a la prueba de los detectores de mentiras.

Esta Amenaza, se percibe como que el sujeto sea descubierto ante un hecho irregular que se investiga; si el sujeto examinado tiene injerencia de lo que se le cuestiona, tendrá temor de ser descubierto, generará mecanismos de defensa o síndromes catalogados como el de lucha y escape frente a cada estimulo; que para cada caso, ya sea el Polígrafo o VSA, se dan en forma de pregunta.

En general es como sentirse descubierto de algo que el individuo quiere ocultar; por eso mismo todos los organismos generaran un estrés frente a cada pregunta de referencia; fisiológicamente hablando es una segregación química de neurotransmisores que son llevados mediante axones y señales eléctricas a cada uno de los órganos que en ese instante buscan la forma de preparase para enfrentar una situación que el individuo recepcionó como amenaza inminente y solo busca enfrentarla con una lucha de negación por el hecho de ser culpable, aún en esta instancia.

Situación contraria de una persona que se somete al este tipo de pruebas y no se siente aludido a las preguntas relevantes, es decir es inocente frente a lo que se le está cuestionando.

Al respecto, como se mencionó antes, una investigación del Laboratorio Técnico de la Fuerza Aérea de EEUU: Concluyó que el Análisis de Estrés de la Voz es efectivo en determinar cuando una persona muestra estrés al contestar preguntas en una entrevista; en ella se determina que su laringe genera una contracción ante la situación de estrés y su repuesta verbal se torna diferente ante la recepción del instrumento; teniendo en cuenta que el oído humano no tiene la capacidad de percepción de estos microdeciveles.

Del mismo modo, se confirmó que tiene una efectividad del 96.12% en cuanto a confiabilidad y su mayor uso se da de forma comercial para casos de selección de personal donde se podrían usar diferentes preguntas; que a diferencia del polígrafo donde máximo se podrían usar cuatro preguntas, este alcanza una efectividad del 98%. Con ello se podrían descartar preguntas como las siguientes en una prueba de selección:

- Honestidad: en su vida diaria y en su solicitud.
- Perfil básico.
- Antecedentes Personales: consumo de alcohol y drogas.
- Antecedentes laborales: despidos anteriores por deshonestidad, litigios laborales, como accedió a la oferta y otros.
- Actividades Delictivas; de las que no se inició litigio, contravencionales y desconocidas por la justicia y sus empleadores.

- Hábitos Personales; responsabilidades personales, obligaciones de pago comerciales, bancarias, reportes.
- Antecedentes Penales, denuncios, sindicaciones, indiciado, vinculado, imputado, o condenas actuales y anteriores, con respecto a procesos judiciales.
- Antecedentes de Tránsito; lesiones personales culposas, inhabilidades y suspensiones de licencias.
- Motivos reales por lo que desea ingresar a la empresa; descartar que sea con fines fraudulentos u otros no referentes a lucro ilícito

Diferencias entre el polígrafo y el V.S.A

Dentro de las diferencias que se pueden dar con el uso de otro detector de mentira como el polígrafo, según los defensores del V.S.A están las siguientes:

Polígrafo	**Análisis de Estrés de la Voz**
Intrusivo - Varias conexiones a la persona.	No hay conexiones
Técnicas Agresivas	Ambiente profesional y amigable

Tiene que sentarse ¡sin moverse!	Movimiento sin restricciones
Inventado en 1927	Ciencia y Tecnología moderna
Examen limitado a 8-10 preguntas	Normalmente de 24 a 27 preguntas
Alto nivel de resultados inconclusos	No hay resultados inconclusos
Contra medidas físicas y mentales	Única contra medida ¡no hablar?
Debe adoptar una posición especial (encontrarse sentado y evitar el movimiento)	No hay restricciones de movimiento
Para aplicación de pruebas multiplicidad de temas	Su efectividad en cuanto a confiabilidad se da en casos de investigación especifica

Confiabilidad alcanzada 98%	Confiabilidad alcanzada 96%
Aprobado con estudios de investigación científica	Aprobación científica y con estudios de investigación
Usado por países desarrollados en seguridad para métodos de prevención de espionaje, infiltraciones, penetraciones y otros.	Usado en países desarrollados en seguridad como prueba técnico científica en sistemas judiciales.

Fuente Proceedings of the 38th Hawaii International Conference on System Sciences - 2005

TERMINOLOGÍA

ACTIVIDAD ELECTRODÉRMICA (EDA)

La respuesta galvánica de la piel (GSR), también denominada(EDA), conductancia de la piel (SC), es la medida de las continuas variaciones en las características eléctricas de la piel, por ejemplo la conductancia, causada por la variación de la sudoración del cuerpo humano.

ADMINISTRACIÓN DE LA PRUEBA

Detectar el engaño e identificar un trasgresor; para tal efecto, se cuenta con una herramienta de alta tecnología, el polígrafo.

ANÁLISIS DE COMPORTAMIENTO

Método para el desarrollo de información extrapoligrafica que puede ser útil en el diagnóstico de la verdad o engaño. Los comportamientos de interés pueden ser de origen natural en el contexto del examen poligráfico, o son el resultado de las preguntas formuladas por los examinadores del polígrafo durante la fase de entrevista.

ANÁLISIS DE DATOS DE PRUEBA- TEST DATA ANALYSIS

Expresión reciente para la interpretación de la gráfica polígrafica (TDA), un cambio impulsado por polígrafos digitales donde los datos fisiológicos se muestran en la pantalla de la computadora en lugar de gráficos continuos de papel.

ANALIZADORES DE LA TENSIÓN VOCAL

Son dispositivos que supuestamente detectan la ausencia de ciertos micro temblores en la voz, lo que sería indicativo de que el sujeto está experimentando tensión.

ANALISIS DE STRESS DE VOZ (VSA)

El VSA (VSA es el acrónimo de (*"Voice Stress Analyzer"*) Está técnica supone que al realizar una declaración falsa se genera estrés en el individuo, el cual se manifiesta a través de alteraciones en la dicción.
Aunque el VSA-15 es un supuesto analizador de la tensión vocal (VSA es el acrónimo de "Voice Stress Analyzer") y, por extensión, supuesto detector de mentiras de última generación, la mítica de tales artilugios se remonta a finales de los años 60.

ANSIEDAD

La ansiedad es una reacción emocional de alerta ante una amenaza que puede desarrollar estrés.

ANOVA

Familia de procedimientos estadísticos diseñados para dividir la cantidad total de la variabilidad de un conjunto de resultados en dos partes: las partes que pueden ser explicadas y las que no pueden ser explicada por la variable independiente.

ASOCIACIÓN AMERICANA DE POLÍGRAFO (APA)

Es la asociación líder en el mundo dedicada al uso de métodos científicos basados en la evidencia para la evaluación de la credibilidad. La APA promueve los más altos estándares de prácticas profesionales, éticas y científicas para sus 2700+ miembros a través del establecimiento y publicación de estándares para la práctica profesional que incluyen técnicas, instrumentación, análisis, investigación, capacitación y educación continua. La Asociación Americana de Polígrafos

ASTM INTERNATIONAL (AMERICAN SOCIETY FOR TESTING AND MATERIALS)

Es una organización de normas internacionales que desarrolla y publica, acuerdos voluntarios de normas técnicas para una amplia gama de materiales, productos, sistemas y servicios).

ANTICLÍMAX DAMPENING

Esta teoría sostiene que los nervios, ansiedad y aprehensión de una persona, será dirigida a esa situación que constituye la mayor amenaza a su bienestar. De acuerdo con este concepto, la preocupación de un examinado culpable sobre una pregunta relevante fuerte puede resultar en una disminución completa o parcial de respuesta a otras preguntas, como preguntas relevantes suaves y/o preguntas de comparación. Este concepto se basa en un principio del sistema psicológico y aplica para ambos: el examinado que miente y el examinado honrado.

AUTORIZACIÓN

Para la aplicación del examen psicofisiológico de polígrafo deberá existir autorización escrita, previa y voluntaria del examinado. El examinado tendrá entrevista con el profesional que aplica dicha evaluación, donde recibirá explicación previa, acerca del funcionamiento del polígrafo y se le dará certeza de que esta prueba no constituirá, en ningún caso, un atentado contra su dignidad humana o sus derechos fundamentales.

BANDA DE CARDIO

El instrumento va a medir las reacciones de su sistema cardiovascular cuando está respondiendo en el examen; se colocan en el brazo, funciona igual que cuando le han tomado su presión arterial. Esta banda se complementa con este sensor que se llama el pletismógrafo que se colocan en el dedo pulgar; a través de este sensor el instrumento va a grabar los cambios en el volumen de sangre; este sensor funciona con una luz infrarroja y es uno de los componentes más modernos que tienen el instrumento de polígrafo.

BANDAS DEL NEUMO O DE LA RESPIRACIÓN

Banda que se coloca una en el tórax y otra en el abdomen; a través de esas dos bandas el instrumento va a medir los cambios o reacciones en su sistema respiratorio cuando se estén contestando las preguntas durante el examen.

BACKSTER CLEVE(1961)

Fue un pionero en el arte del interrogatorio, o interrogatorio de sospechosos, para la Agencia Central de Inteligencia de los Estados Unidos (CIA). Durante el empleo de Backster allí, él y otros investigadores fundaron la primera unidad de polígrafo de la CIA.

Desarrolló muchos de los conceptos de la poligrafía que han sido validados y que se enseñan en esta escuela

BARRA DE TIEMPO

Un método para restringir la cobertura de la pregunta comparativa para que no incluya el tiempo del incidente bajo investigación. Las barras de tiempo generalmente precede el crimen. Una barra de tiempo típica para la pregunta comparativa puede ser escrita de esta manera: "Antes de la edad de X, ¿alguna vez ..." o "Antes del 1998, usted hizo ..." Hay una escuela de pensamiento que los examinados pueden confundir las preguntas relevantes con las preguntas comparativas a menos que estos dos tipos de preguntas están diseñadas para evitar cualquier grado de superposición. La investigación no ha apoyado esta hipótesis. Ver: Amsel (1999); podlesny y Raskin (1978); Horvath (1988); Horvath y Palmatier (2008). También vea *pregunta comparativa exclusiva (excluyente)*

BURTT HAROLD (1918)

Fue el que le dio más propaganda al Polígrafo en sus inicios

CESARE LOMBROSO (1895)

Es considerado el padre de la detección de mentira, Antropólogo y criminólogo italiano, utilizó un instrumento para detectar la mentira, fue el primero en experimentar con criminales fuera del laboratorio, en 1895 Ángelo Mosso, un Científico Italiano y estudiante de Lombroso, experimentó con el pletismógrafo, condujo experimentos para demostrar como el miedo afecta el corazón y la respiración, dos años más tarde, Sticker un científico alemán, fue el primero en sugerir que el Reflejo Galvánico de la Piel (GSR) podría ser utilizado para detectar la mentira.

COJÍN SENSOR DE MOVIMIENTO

Permite detectar cualquier movimiento que el entrevistado haga durante el examen (Skin Potential); este otro componente permite observar la potencialización de su conductancia en la piel cuando se esté contestando las preguntas.

CONOCIMIENTO CIENTÍFICO

Conocer es una actividad por medio de la cual el hombre adquiere certeza de la realidad, y que se manifiesta como un conjunto de representaciones sobre las cuales tenemos certeza de que son verdaderas.

CONTRAMEDIDAS

farmacológicas: Método utilizado en forma deliberada por el sujeto con el objetivo de manipular los registros en la prueba **poligráfica**.

COMITÉ AD HOC

Comité creado para el examen de una cuestión o por tiempo determinado.

CREDIBILIDAD PSE

La evaluación forense de la credibilidad es un pilar crucial en el sistema de justicia, donde determinar la veracidad de los testimonios puede influir significativamente en el resultado de los casos. La detección de mentiras y la evaluación de la credibilidad se han convertido en áreas de interés central para psicólogos forenses, investigadores y profesionales legales. La capacidad de evaluar con precisión la credibilidad es fundamental para asegurar la justicia y la equidad en el proceso legal.

CRITERIO DE EXACTITUD

Generalmente se refiere al grado en que el resultado de una prueba corresponde con el propósito para el cual el examen fue diseñado. En el campo de los exámenes PDD, el criterio de exactitud denota la habilidad de una combinación de técnicas de evaluación y calificación, para discriminar entre examinados honestos y deshonestos, y va desde 0.00 (ausencia de validez) hasta 1.00 (validez perfecta). El criterio de exactitud es una forma de validez y en algunos reportes de investigación puede ser referido como exactitud en la decisión o, simplemente, como exactitud.

DETECTOR DE MENTIRAS, MÁQUINA DE LA VERDAD O POLÍGRAFO

Es un instrumento de medición utilizado para el registro de respuestas fisiológicas. Generalmente registra las variaciones de la presión arterial, el ritmo cardíaco, la frecuencia respiratoria, estímulos nerviosos y la respuesta galvánica o conductancia de la piel, generadas ante determinadas preguntas que se realizan al sujeto sometido a la prueba.

EFECTO BACKSTER

Cleve Backster afirmó que sus experimentos muestran evidencia de que las plantas no solo responden a estímulos físicos y químicos, sino que son capaces de conocer las emociones y pensamientos de las entidades que las rodean.

ELECTROOCULOGRAPH (EOG)

Registro de la actividad eléctrica producida durante movimientos de los ojos. Los EOGs han tenido dos usos principales en la prueba de engaño. Uno es como un indicador de engaño.

EL DEDO DE LA MUERTE

Cierta forma de expresión informal caprichosa para un patrón de trazo encontrado en el canal electrodérmico que esta supuestamente asociado con el engaño (Finger of death). Es la caída repentina del trazo electrodérmico poco después de la presentación de una pregunta relevante seguida por un regreso normal a la línea base, creando una impresión visual parecida a la de un dedo.

El SET PSICOLÓGICO

Un individuo responderá con mayor intensidad a aquello que representa la mayor amenaza a su bienestar

ERASISTRATUS (304 -250 AC)

Al verificar los antecedentes científicos (tomando el pulso), aparece Erasistratus (304- 250 A.C) Físico y Anatomista Griego, primero en reconocer cambios fisiológicos durante la mentira, determinó que el pulso tiene que ver con la mentira o el intento de guardar información, para el año 1581, el sabio y científico italiano Galileo, inventó el "pulsometro", un registro del pulso, primera forma objetiva para medir el pulso que posteriormente género la medición del pulso de la muñeca.

ESTRÉS

El estrés suele hacer referencia a ciertos acontecimientos en los cuáles se encuentran con situaciones que implican demandas fuertes para el individuo, que pueden agotar sus recursos de afrontamiento.

ESTUDIO ANALÓGICO

Diseño experimental que intenta replicar las actividades del mundo real de forma controlada, es decir, un estudio de crimen simulado (Analog Study.) Metodologías análogas se utilizan con frecuencia en los estudios de validación de polígrafo, ya que es posible establecer la verdad básica, algo muy difícil de determinar de forma independiente en crímenes reales.

EYEDETECT

La primera tecnología a nivel mundial rentable en detección de mentiras para combatir el fraude y la corrupción. Satisfactoriamente identifica el engaño con 85% de precisión a través de un detallado análisis del comportamiento de los ojos.

EXAMEN PSICOFISIOLÓGICO DE POLÍGRAFO

Es la medición de las reacciones fisiológicas del examinado que se presentan cuando dice algo que no corresponde a la realidad.

EXAMEN POLIGRAFICO DE TEMA ESPECIFICO (SPECIFIC ISSUE POLYGRAPH EXAMINATION)

Un examen PDD de un solo tea, casi siempre el que se administra junto con una investigación criminal, y por lo general se ocupa de un solo tema. A veces llamado *específico* por los profesionales PDD para diferenciarse de preempleo o pruebas periódicas.

DODPI

Instituto de Polígrafo del Departamento de Defensa(department of Defense Polygraph Institute)

FASE USTED (YOU PHASE)

El formato más sólido y uno de los más utilizados en la Técnica de Backster ZCT. Esta prueba estandarizada aborda un solo tema y un solo grado de implicación en el asunto.
El formato proporciona dos o tres preguntas relevantes, redactadas de forma ligeramente diferente de una a otra, abordando un solo tema y el grado de participación. También requiere una repetición de la redacción de la pregunta relevante en la pregunta relevante de sacrificio. La Fase Usted ZCT es una prueba muy poderosa porque está centrada esencialmente en una sola pregunta. Un ejemplo de la Fase Usted de la redacción de las preguntas es: relevante de sacrificio-" Acerca si fue usted o no el quien disparo a Henry Jones, ¿tiene intención de responder con la verdad a cada pregunta acerca de eso?"; relevante 1 - "¿Fue usted quien le disparo a Jenny Rivera?"; relevante 2 - "¿Fue usted quien realizo el disparo que causó la muerte de Jenny Rivera?"; relevante 3 - "El pasado viernes por la noche, ¿le disparaste a Jenny Rivera?" La técnica se ha investigado inadecuadamente.

FZCT

Prueba de poligrafía con solo una de las tres preguntas relevantes en la está rodeada por comparativas, y las reglas no permiten rotación de preguntas relevantes dentro del examen.

GALILEO 1581
Inventor del "pulsilogium."

Un registro para el pulso, que fue la primera forma objetiva para medir el pulso que posteriormente generó la medición de pulso en muñeca.

GALVANÓMETRO

Son estos dos sensores que se colocan en el dedo índice y el dedo anular van a medir los cambios o reacciones fisiológicos en la conductancia electrodérmica de la piel cuando usted se está contestando las preguntas durante el examen, (GSR).

GRÁFICA

Registro gráfico de algún fenómeno (Chart). En PDD esto se refiere al poligrama en el cual se graba la actividad fisiológica durante la prueba. El término "Gráfica" en ocasiones es intercambiado con prueba.

INSTRUMENTO ANALÓGO

Dispositivo que registra datos en una forma continua (Analog instrument). Un polígrafo analógico registra formas de onda como líneas continuas en un gráfico de banda, mientras que un instrumento digital los registra como puntos discretos. Aunque muchos de los instrumentos analógicos todavía están en uso, la tendencia ha sido hacia la instrumentación computarizada.

INVESTIGACIÓN DOCUMENTAL

Por qué analiza la información escrita sobre el tema objeto de estudio. (Bernal. 2010)

INVESTIGACIÓN DESCRIPTIVA

Porque se incluyen reseñas, rasgos cualidades o atributos de la población objeto de estudio. (Bernal. 2010)

KEELER LEONARDE (1925)

Para 1921 Keeler, conocido como "el padre de la poligrafía moderna", estudiante de Larson, añadió innovaciones al polígrafo como banda de presión sanguínea, tubo neumografico, kimógrafo y en 1938 añadió el GSR, desarrolló diferentes técnicas y fue el fundador de la primera escuela de poligrafía, hacia 1925, Keeler, creó el modelo 302 c, que tomaba registro de Neumo, Cardio y GSR, fue utilizado por el FBI, hacia 1930 la compañía Stoelting en Chicago presentó el fotopolígrafo, desarrollado por C.W Darrow.

LANCISI (1728)

En el año 1721 un celebré médico de la corte Romana llamado Lancisi, especificó en su libro que las emociones pueden producirse por la dependencia directa que existe entre las funciones mentales y los nervios, ganglios y los conductos coronarios del corazón, teoría que sirvió de base en futuras investigaciones.

LARSON JOHN (1921)

Realizo los primeros exámenes específicos

Cuando se habla de la evolución del instrumento y la técnica poligráfica, hay que empezar por mencionar a John Larson, (1921), Policía, estudiante de Medicina (fisiólogo) de la universidad de california, quien desarrolló el primer instrumento poligráfico con medición sanguínea y respiración, que recibió el nombre de "Detector de mentiras de Berkeley", el aparato de Larson tuvo un gran éxito en varios procesos criminales en los EU y rápidamente Los departamentos de policía de los Ángeles, Oakland, Duluth y Evanston lo adaptaron, haciendo algunas modificaciones para perfeccionarlo y realizando estudios al respecto.

Utilizó el polígrafo extensivamente en casos criminales. En casos específicos

LUIGI GALVANI (1791)

-Descubrió el Reflejo Galvánico de la Piel. (GSR).

MEDIDOR DE TENSION(STRAIN GAUGE)

En general, cualquier sensor para el registro de los cambios que se producen en las dimensiones de un sólido o un cuerpo. En PDD, la respiración a veces se registra con medidores de tensión neumáticos colocados sobre el tórax o el abdomen, o ambos.

MOSSO ANGELO (1895)

-Primero en usar **cardio.**

Gran aporte cuna científica.

MÉTODO CIENTÍFICO

Es un conjunto de procedimientos por los cuales se plantean los problemas científicos y se ponen a prueba las hipótesis y los instrumentos de trabajo investigativo.

MÉTODO LYKKEN

El cual llamó examen de culpabilidad por conocimiento, sacaba provecho de la estimulación fisiológica más alta que ocurre cuando un sujeto culpable reconoce un objeto de prueba relacionado a un crimen colocado entre muchos otros objetos temáticamente similares, pero no relacionados.

MUNSTERBERG HUGO (1908)

Veraguth en el año 1907, utilizó la técnica de asociación de palabras con un galvanómetro (un instrumento para medir corriente), acuñó el término "reflejo psicogalvánico" que fue cambiado posteriormente por "respuesta electro dérmica".

Hugo munsterberg en 1908, profesor de psicología de Harvard, uso la técnica de asociación de palabras para diagnosticar culpables, describió una prueba de pico de tensión,

-Profesor de Piscología de Harvard

- Uso la técnica de asociación de palabras para diagnosticar culpables.

-Hizo mucho para estimular la detección de mentira en los US.

MGQT

Técnica Modificada de Preguntas Generales en la poligrafía

NORMA DAUBERT

En ese fallo, el juez tenía asignada la función de guardián, y debía excluir toda disciplina científica que no fuera válida como testimonio en la corte. El fallo añadió cuatro factores, no exhaustivos, que los jueces debían considerar al evaluar la admisibilidad de la evidencia científica además de la aceptación general de la Frye.

PDD

Técnicas de examen de Detección Psicofisiológica del Engaño (PDD) que cumplan ciertos niveles de criterio de exactitud.

PRUEBA DE ESPIONAJE Y SABOTAJE

Formato de prueba múltiple-tema utilizado por algunas agencias del gobierno de EE.UU. para propósitos de tamizaje. El TES utiliza una serie repetida de preguntas relevantes y comparativas mentira dirigida, y el sistema de puntuación de 7-posición convencional. Ver: Reed (1994), Personal de Investigación (1995, 1998). Vea también Prueba de Tamizaje de Mentira Dirigida

PRUEBA(TEST)

En PDD, la *prueba* se utiliza para diferenciar un uso de una seria de preguntas (a veces también llamado un gráfico) durante la grabación fisiológica del examen, que se considera la totalidad del proceso PDD. También puede hacer referencia a los procedimientos especializados dentro de técnicas, como la Prueba Sí y prueba de estimulación. El termino *prueba* se ha utilizado erróneamente para referirse a las técnicas de polígrafo, como la Prueba de Zonas Comparativas (ZCT) o Prueba Modificada de Preguntas General (MGQT).

POLIGRAFIA

Se trata la capacidad de los equipos para detectar los estímulos fisiológicos que se producen al mentir, la implementación, el uso, la técnica, metodológica; y el cumplimento de los estándares científicos establecidos por organizaciones serias y de alta credibilidad como la APA (American Poligraphy Asociattion

POLÍGRAFO

Es un instrumento médico-científico ultrasensible que graba y registra simultáneamente las reacciones psico-fisiológicas indicativas de engaño, las cuales se presentan en el sistema nervioso autónomo de una persona, para demostrar que está diciendo algo que no es verdad

PRUEBAS PARA OFENSORES SEXUALES

La utilización del polígrafo para verificar que los ofensores sexuales en libertad condicional (sexual offender monitoring) o palabra estén cumpliendo con las condiciones que se les dieron para que salieran de la cárcel.

PRUEBA SÍ (YES TEST)

Serie de pruebas PDD que se atribuye a John Reid en la que todas las preguntas comparativas se omiten de la lista de preguntas y se le dice al examinado que conteste "sí" a todas las preguntas de las pruebas restantes. Es precedido por una instrucción especial para invitar las contramedidas físicas de los examinados culpables. La Prueba Sí es especialmente útil en la identificación de los examinados que desean vencer la prueba del polígrafo, y generalmente se utiliza sólo cuando el examinador tiene razones para creer que el examinado está intentando contramedidas.

PRUEBA DE TAMIZAJE

Una prueba poligráfica conducida en la ausencia de un asunto reportado o de una alegación para investigar si el evaluado ha retenido información en relación a su comportamiento abarcado en preguntas relevantes que cubren cierto periodos de tiempo (screening examination);.las pruebas de tamizaje pueden ser diseñadas para investigar asuntos múltiples y asuntos de un solo teme.

PRUEBAS DIAGNÓSTICAS

Son la que han arrojado mayor grado de precisión. Diferentes estudios de validación de técnicas poligráficas y posteriores replicaciones han demostrado que la precisión de este tipo de prueba, puede oscilar entre el 89% al 96% (Meta análisis de técnicas validadas APA 2011). Con el anterior enunciado estamos dando respuesta a una de las preguntas más comunes en poligrafía; ¿El resultado de la prueba es cien por ciento confiable?, y la respuesta es no. Hay un margen de error asociado al resultado de prueba, y es responsabilidad de su proveedor de poligrafía, interno o externo, describir en el informe o reporte de prueba, lo siguiente: tipo de técnica utilizada, método de calificación empleado, tolerancia al error (alfa) y probabilidad de error asociado a su resultado de prueba (Pv). Ninguna prueba probabilística puede ofrecer un 100% de confiabilidad.

PREGUNTAS COMPARATIVAS

Al evaluar la puntuación el examinador hará una comparación numérica y estadística entre preguntas relevantes y preguntas de comparación. La forma tradicional de comparar estas preguntas es utilizando los dos siguientes tipos de preguntas.

- Comparación de mentira probable (Probable lie Comparison PLC)

Estas consisten en negar un comportamiento común que no es objetivo de la evaluación. Esto le ha hecho ser sujeto de críticas por su naturaleza manipuladora.

- Comparación de mentiras dirigidas (Directed lie comparison DLC)

La diferencia entre estas preguntas y las PLC es que estas son transparentes y pueden ser utilizadas sin la necesidad de manipular al evaluado para negar un problema de comportamiento común. Esta técnica de preguntas es tan efectiva como el PLC.

PREGUNTA SINTOMÁTICA (SYMPTOMATIC QUESTION)

Un tipo de pregunta desarrollada por Cleve Backster que supuestamente identifica si un examinado tiene miedo que el examinador le realice una pregunta sin revisar o un aspecto externo. En este constructo, la desconfianza del examinado puede amortiguar las respuestas a otras preguntas de la prueba, y la pregunta sintomática puede determinar si la falta de reactivad es debido a un asunto externo. Las preguntas sintomáticas son ampliamente utilizadas, aunque las investigaciones han encontrado que no tienen efecto significativo. Ver: Backster (2001a); Honts, Amato, y Gordon (2000); Krapohl y Ryan (2001), Mate (2001)

PRESIÓN ARTERIAL SISTÓLICA (SYSTOLIC BLOOD PRESSURE)

Fuerza ejercida por la sangre contra la pared de las arterias a la altura de la contracción ventricular. También se llama la *presión máxima* y se expresa en milímetros de mercurio (mmHg).

PROMINENCIA DIFERENCIAL

Expresión que caracteriza la correlación positiva entre los grados de significancia psicológica y la intensidad de la respuesta fisiológica (Differential salience;).

PRUEBA DE ESTIMULACIÓN(STIMULATION TEST)

Procedimiento utilizado por muchos examinadores PDD antes o entre las pruebas regulares. Uno de sus objetivos es demostrar a los examinados que el polígrafo funciona con ellos, y al hacerlo, tranquilizar a los inocentes mientras que aumenta la preocupación de la persona culpable a las preguntas relevantes. Otros propósitos incluye permitir al examinador establecer las ganancias correctamente, verificar que los sensores estén correctamente colocados y funcionen correctamente, y para familiarizar al evaluado con los procedimientos de examen. Prácticamente todas las pruebas de estimulación utilizan un conjunto de preguntas de artículos muy similares en los que se incrusta un objeto que el sujeto se dirige a mentir. Hay varios tipos de pruebas de estimulación. Los más comunes son la *prueba de tarjeta, prueba de familiarización de números conocidos, pruebas de números a ciega, prueba de control,* y la *prueba verdadera del control azul.* Pruebas parecidas a estas fueron utilizadas por los primeros examinadores de polígrafo con el propósito de comparar las reacciones en la prueba de estimulación con los de las preguntas relevantes en la prueba de R / I. Pruebas de estimulación se refieren a veces como las pruebas *stim.*

PRUEBA DE SOSPECHA-CONOCIMIENTO

Técnica utilizada para identificar tentativamente sospechosos que pueden haber tenido participación directa o indirecta en el delito que se investiga, o el conocimiento oculto en relación con el crimen. Se utiliza antes de una CQT como herramienta de tamizaje cuando hay varios sospechosos y posiblemente diferentes niveles de participación criminal. El SKG también incluye algunas de las preguntas comparativas utilizadas en la ZCT Quadri-Track. Desarrollado por James Mate. Ver: Mate (1996).

PRUEBA DE LA RESPUESTA RETRASADA

Metodología experimental usada para determinar si la reacción fisiológica fue suscitada por la pregunta estímulo o una respuesta no veraz **(Delayed answer test DAT)** .

PREGUNTA DE ESTIMULO IRRELEVANTE(STIMULUS IRRELEVANT QUESTION)

Pregunta utilizada en algunos formatos de tamizaje RI para determinar si el examinado es capaz de responder fisiológicamente y se emplea cuando no se ha producido respuestas significativas a las preguntas relevantes. Puede adoptar la forma de una simple pregunta matemática, una pregunta irrelevante leída incorrectamente, o de otros tipos.

PREGUNTA SUBJETIVA MENTIRA/VERDAD (SUBJECTIVE LIE/TRUTH QUESTION)

En la Técnica de Control Positivo, a los examinados se les presentan con cada pregunta dos veces seguidas como un conjunto. A los examinandos se les instruye a admitir la comisión del delito objeto de investigación después de la primera presentación de cada pregunta, y negar después en la segunda lectura de la misma pregunta. La primera vez que se lee la pregunta, se llama la pregunta mentira subjetiva, mientras que la segunda presentación se llama la pregunta de la verdad subjetiva.

PREGUNTA RELEVANTE FUERTE (STRONG RELEVANT QUESTION)

Pregunta PDD que va directamente al centro del objeto de la investigación, en contraste con preguntas del conocimiento o la complicidad.

PSICOLOGÍA

La ciencia que trata la conducta y los procesos mentales de los individuos.

RAPPORT

En la entrevista pre test se busca Establecer empatía con el examinado. El examinador construye el cuestionario y lo estudia junto con el examinado

REGLA BIBR (Lo más grande es lo mejor)

Cómo de evalúan dos reacciones a comparar, sin importar si son similares o no en su naturaleza, cuando el ratio de amplitud es inferior de dos-a-uno? El principio de "lo más grande es lo mejor", fue adoptado para manejar esta situación. Cuando el ratio entre las dos reacciones a comparar es menor de 2:1, la reacción con la amplitud más significativa recibirá el valor.

REID JHON(1953)

Abogado que después se incorporó al Dep. De Policía de Chicago. En el transcurso de 1953, John E Reíd, en el departamento de policía de Chicago, desarrolló la técnica de preguntas comparativas y creó un dispositivo de contramedidas, autor de varios libros sobre detección de engaño e interrogación, en 1961 Cleve Backster, implementó el programa de poligrafía de la CIA, desarrolló muchos conceptos que se usan hoy tanto en entrevista, graficación y calificación.

RESERVA.

Protección información que presten los servicios de poligrafía, mantendrán absoluta reserva de la información obtenida, salvo autorización expresa del examinado sobre los resultados obtenidos en la evaluación poligráfica.

SÍNDROME DE LUCHAR O ESCAPAR

Ante una situación de peligro un individuo tomará la decisión que más le conviene:

Luchar contra la amenaza o escapar de ella.

La activación del sistema Simpático ante una emoción, hace parte del SÍNDROME DE LUCHAR O ESCAPAR. El organismo acumula mayores cantidades de sangre en los músculos, se activan las glándulas sudoríparas, se liberan hormonas, entre otras respuestas.

En el Síndrome de Luchar o Escapar, el organismo se prepara para una situación de emergencia: Los músculos se contraen y reciben mayor oxigenación a través de la acumulación de la sangre.

SKY

Abreviación para las palabras en inglés: Suspect, Know, You, que significa "Sospecha, Conoce, Tú". Un formato de prueba ZCT estandarizado que es incluido dentro de la amplia técnica de zonas comparativas de Backster. En su formato estructurado, el S- K-Y permite ampliar el alcance de una prueba de un solo tema para incluir preguntas relacionadas a envolvimiento secundario o conocimiento, ¿además de las preguntas conectadas a la participación directa como "Tu le disparaste a Jenny Rivera?". ¿Otras preguntas de fuerza moderada podrían ser "Tú sabes con seguridad quién le disparó a Jenny Rivera?". O asuntos terciarios como aquellos que colocan al examinado en el lugar del crimen, prueban el conocimiento precedente al crimen, o su coartada. Al igual que con una prueba exploratoria, la mezcla de diferentes preguntas relevantes sólo permite la posibilidad de calificar verticalmente cuando se utiliza el método de calificación de las 7 posiciones.

SIR FRANCIS GALTON (1879)

Si se habla de investigación vinculada al método moderno de la poligrafía

Se debe empezar por hablar de Sir Francis Galton (1879), explorador y antropólogo inglés, quien desarrolló un test psicológico de Asociación de Palabras, bajo la premisa de que el culpable sufriría un conflicto interno y daría pistas verbales y físicas de su culpabilidad, utilizó por primera vez las palabras irrelevantes en su técnica

SÍSTOLE(SYSTOLE)

La contracción de los músculos cardíacos. Del sístole ventricular izquierdo resulta el movimiento de la sangre desde el corazón hacia la aorta. Los sístoles se pueden subdividir en tres componentes principales: *períodos preeyectivo, eyección* y *relajación.* El pico sistólico del ventrículo izquierdo se representa en un polígrafo convencional como el punto más alto en el vertical de la onda del pulso del trazado cardiovascular.

SISTEMA NERVIOSO SIMPÁTICO (SYMPTOMATIC QUESTION)

Porción dorsolumbar del sistema nervioso autónomo centralmente involucrado en la respuesta a los estímulos de excitación. La mayoría de los nervios simpáticos son adrenérgico y preparan el cuerpo para responder a las crecientes demandas. Activación del sistema nervioso simpático aumenta el flujo de sangre desde el corazón, desencadena la liberación de la glucosa y la epinefrina, dilata las pupilas, e inicia otras respuestas en preparación para la acción. A diferencia de la mayor parte del sistema nervioso simpático, los nervios simpáticos a las glándulas sudoríparas ecrinas son *colinérgicas*

STOELTING INSTRUMENTS

Un fabricante estadounidense de polígrafo analógico y computarizado.(C.H. Stoelting de Chicago, Illinois.)

SUPER-DAMPENING

Concepto que sostiene que habrá una supresión de respuestas generales a preguntas
relevantes y de comparación debido a un evento externo que puede ser más significativo que el evento examinado. La presencia de un evento externo usualmente resulta en una

respuesta pobre, respuesta errática o en falta de respuestas a una pregunta relevante y/o de comparación.

SUPRESIÓN (SUPPRESSION)

Un patrón de respuesta respiratoria indicativa de la orientación y la excitación, que se caracteriza por respiros menos profundo y más lento que el trazado promedio. El trazado de la supresión en la respiración PDD se manifestará en una disminución de la amplitud, un ritmo más lento, o un aumento temporal en la línea de base de la onda. La supresión se ha encontrado que es un indicador fiable de prominencia desde la primera parte de este siglo, y es un criterio de reacción primaria para el diagnóstico de engaño.

STICKER (1897)

-**Científico Alemán** Primero en sugerir que el GSR podría ser utilizado para detectar mentiras.

-"El fenómeno de la piel está bajo la influencia que resulta activada por impresiones mentales y la voluntad no tiene ningún efecto en él".

S. VERAGUTH (1907)

Utilizó la técnica de asociación de palabras con un galvanómetro (un instrumento para medir corriente), acuñó el término "reflejo psicogalvánico" que fue cambiado posteriormente por "respuesta electro dérmica".

Hugo munsterberg en 1908, profesor de psicología de Harvard, uso la técnica de asociación de palabras para diagnosticar culpables, describió una prueba de pico de tensión,

Utilizó la técnica de asociación de palabras con un galvanómetro (un instrumento para medir corriente), acuñó el término "reflejo psicogalvánico" que fue cambiado posteriormente por "respuesta electro dérmica".

UNITED STATES VS. FRYE

Hizo historia en la poligrafía y en la comunidad científica en 1923. James Alphonzo Frye, acusado de asesinar a un prominente médico de Washington D.C., se le administró un examen para descubrir si mentía.
En la opinión del Dr. Marston, el acusado dijo la verdad al responder a las preguntas.

-Durante el juicio de Frye, su abogado defensor trató de introducir como evidencia los resultados del examen hecho por el Dr. Marston, pero el juez no se lo permitió.

(United States vs. Frye App. D.C. 46,293 F 1013)
Arriba A esa decisión se le conoce como: REGLA FRYE
"El testimonio de un experto basado en una técnica científica no se puede admitir a menos que la técnica utilizada sea aceptada como confiable por la comunidad científica".

VALIDEZ(VALIDITY)

Precisión. Hay varios tipos de validez. El grado en que una prueba mide lo que profesa medir es la validez de constructo. La validez externa se refiere a la generalización de los resultados de investigación del laboratorio. Hay otros tipos de validez, pero estos dos tipos son lo central de la investigaciones PDD.

VALIDEZ ECOLÓGICA

se refiere a que tan adecuadamente los ambientes, procesos, sujetos y materiales experimentales coinciden con aquellos presentes en condiciones de vida real. Aunque no es lo mismo que validez externa, a mayor validez ecológica se puede contar con mayor confianza en que los hallazgos del estudio serán generalizables

VOICE STRESS ANALYSIS; ANÁLISIS DE TENSIÓN EN LA VOZ

Cualquier técnica analítica aplicada para determinar si los cambios en la señal vocal son indicativos de cambios en los niveles de estrés. La mayoría de las técnicas evalúan la frecuencia o modulación de amplitud de la señal de voz en una o más anchos de bandas de frecuencia. El énfasis se pone a menudo en la modulación de la anchura de banda de frecuencia de 8-10 Hz, también conocido como *micro estremecimientos (microtremors).* Muchos dispositivos de análisis de estrés de voz se han introducido desde que el primero fue disponible en 1971.

VSA MARK

Un dispositivo de tensión en la voz. CCS International produce la serie VSA Mark, primera vez introducida en 1979. Certificación del examinador no es necesario. El VSA Mark no utiliza un formato estándar de pruebas, pero usa conversaciones abiertas o interrogatorios. Una emisión numérica proporciona los resultados. Vea *el análisis de tensión en la voz.*

VITTORIO BENUSSI (1914)

-Primero en utilizar la **respiración** para la detección de mentira.

WILLIAM MARSTON (1917)

-En sus investigaciones criminales llegó a lograr un 94% de efectividad.

WINTER, JOHN(1.936)

Primer desarrollador conocido de un sistema de puntuación utilizado para interpretar grabaciones polígraficas en la detección de engaño. Su método no entró en uso generalizado y es sólo de interés histórico.

WOLMER A (1929)

Primero en tener éxito en proponer el polígrafo

TECNICAS DE POLIGRAFIA

Es un protocolo de ejecución de exámenes de psicofisiología forense.

TÉCNICA SÍ-NO- YES-NO TECHNIQUE;

Reportado por primera vez con este nombre por Richard Golden en 1969 , esta técnica es similar a la Técnica de Control Positivo.

TECNICAS VALIDADAS

Son aquellas que han sido sometidas a un riguroso proceso, científicamente replicadas y publicadas de acuerdo con los Estándares establecidos por ASTM. Técnicas RECONOCIDAS (aceptadas), son aquellas que se han utilizado a través de los años, las cuales son respaldadas por investigaciones y estudios, pero no han sido sometidas al riguroso proceso de ASTM.

TÉCNICAS RECONOCIDAS (ACEPTADAS)

Son aquellas que se han utilizado a través de los años, las cuales son respaldadas por investigaciones y estudios, pero no han sido sometidas al riguroso proceso de ASTM.

TÉCNICA DE MENTIRA PROBABLE UTAH (UPLT)

Una técnica desarrollada por investigadores de la Universidad de Utah a partir de la década de 1970, y fue influenciada por la ZCT de Backster . Se diferencia de otros formatos ZCT en que las preguntas relevantes no están agrupadas entre preguntas de comparación. Otras características únicas de la **UPLT(**Utah Probable Lie Technique),son: la inclusión del fotopletismógrafo; rotación de las preguntas de mentira probables; grabación de cinco gráficas cuando la prueba sería inconclusa con tres gráficas, y puntos de corte simétricos de + / -6. El UPLT ha sido validado en estudios de crimen simulado analógicos, y cuenta con más publicaciones revisadas por pares que lo apoyan que cualquier otra técnica de mentira probable. Más recientemente, los desarrolladores de la técnica Utah también han respaldado el uso de preguntas mentira dirigida en lugar de preguntas mentira probable.

TÉCNICA DE ZONAS COMPARATIVAS (ZONE COMPARISON TECHNIQUE (ZCT)

Técnica PDD desarrollada por Cleve Backster que contiene tres zonas (negro, rojo, verde), donde se comparan respuestas entre dos de las zonas (rojo y verde) para la determinación de la verdad o el engaño. El ZCT está diseñado para ser una amenaza del bienestar de los examinados, independientemente de su inocencia o culpabilidad, y obligarlos a centrar su atención a una zona específica de pregunta. Hay varias variedades, incluyendo la "Fase Usted ", "Exploratoria" "S-K-Y" "Federal", "Integrada" y "Utah". La ZCT fue la primera técnica PDD moderna de uso general para incorporar el análisis numérico. La ZCT probablemente se usa más a menudo en aplicaciones forenses que cualquier otro formato.

TEST (CIT); PRUEBA DE INFORMACIÓN OCULTA

De otra forma conocida como la Prueba de Conocimiento Culpable. El CIT es una serie de exámenes, posiblemente tantos como 10, en los cuales solamente hay un artículo crítico en cada serie, parecidos como a los exámenes mejor conocidos como Pico de Tensión

TEST DE PRUEBA

Una prueba estadística frecuentemente utilizada cuando hay pocas muestras (cuando el número de observaciones es menor de 30) para determinar si la media de una muestra es significativamente diferente de la de otro.

TEST PRUEBA DE ENGAÑO,

Test que se usa para evaluar directamente si una persona está mintiendo

TEST DE INFORMACIÓN

Determina el conocimiento o la participación de la persona en un suceso criminal. Cada una registra respuestas fisiológicas a preguntas con objeto de hacer inferencias sobre la participación o el conocimiento de una persona acerca de un hecho. (Raskin 1994).

TEORÍA ANALÍTICA DE LAS PRUEBAS (PDD)

Es que los mayores cambios en la actividad fisiológica se cargan ante diferentes tipos de estímulos de prueba en función del engaño o veracidad, en respuesta a los estímulos objetivo relevantes.

ZONA(ZONE)

Concepto acuñado por Cleve Backster. Una zona es un bloque de 20 a 35 segundos de tiempo en la gráfica poligráfica iniciada por una pregunta que tiene un enfoque único atractivo psicológico a un grupo previsible de los examinados. En su ZCT, Backster utiliza códigos de colores para identificar las tres zonas en la ZCT: rojo, verde, y negro. Respectivamente, la zona roja para las preguntas relevantes, la zona verde para las preguntas comparativas, y la zona negra para preguntas sintomáticas.

BIBLIOGRAFIA

Técnicas de poligrafía curso básico en psicofisiología forense – poligrafía LPI.2017.

ACOSTA ACEVEDO RAFAEL OSWALDO (2.014), Pertinencia y efectividad en la aplicación de pruebas de confiabilidad en cargos críticos

ALONSO-QUECUTY, M. L. (1990). Recuerdo de la realidad percibida vs. imaginada. Buscando la mentira. Boletín de Psicología, 29, 73-86.

ALONSO-QUECUTY, M. L. (1994). Psicología forense experimental: El testigo deshonesto. En J. Sobral, R. Arce & A. Prieto (Eds.),

ALONSO-QUECUTY, M. L. & HERNÁNDEZ-FERNAUD, E. (1997). Tócala otra vez Sam: Repitiendo las mentiras. Estudios de Psicología, 57, 29-37.

BLACKWELL, N.J. (1998, Sep). PolyScore 3.3 and Psychophysiological Detection of Deception Examiner Rates of Accuracy when Scoring Examination from Actual Criminal Investigations. Department of Defense Polygraph Institute, DoDPI96 – P- 0001. Ft. McClellan, AL. Published in Polygraph (1999), 28(2), 149 – 175.

BRENNER, M., BRANSCOMB, H. H. & SCHWARTZ, G. E. (1979). Psychological stress evaluator: Two tests of a vocal measure. Psy- chophysiology, 16 (4), 351-357.

BOSHELL NORMAN MARTHA CECILIA, el examen de polígrafo tipo exploratorio, como herramienta de control y verificación de confiabilidad del equipo humano dentro de una organización, aceptación General de la Poligrafía a nivel mundial.22.

CESTARO, V. L. (1995**)**. A comparison between decision accuracy rates obtained using the polygraph instrument and the Computer Voice Stress Analyzer (CVSA). (Informe N° DoDPI95-R-0002). Fort McClellan, AL: Department of Defense Polygraph Institute.

CESTARO, V. L. (1996). A comparison of accuracy rates between detection of deception examinations using the polygraph and the Computer Voice Stress Analyzer in a mock crime scenario. (Informe N° DoDPI95-R-0004). Fort McClellan, AL: Department of Defense Polygraph Institute.

CESTARO, V. L. (2001). A summary of the testimony before the Texas Legislature regarding the reliability and validity of the Computer Voice Stress Analyzer. Encontrado el 12 de noviembre de 2003, en http://www.voicestress.com/summary_of_the_testimony.htm.

CESTARO, V. L. & DOLLINS, A. B. (1994). An analysis of voice responses for the detection of deception. (Informe N° DoDPI94-R-0001). Fort McClellan, AL: Department of Defense Polygraph Institute.

CLEDE, B. (1998). Technology, it helps find the truth. Law and Order, Julio de 1998. (Encontrado el 12 de noviembre de 2003, en http://www.clede.com/Articles/Police/truth.htm).

COMPUTER VOICE STRESS ANALYSIS - EXAMPLE PATTE RNS (sin fechar). Encontrado el 12 de noviembre de 2003, en http://campus.umr.edu/police/cvsa/example.htm

DECAIRE, M. (2000). The detection of deception via non-verbal deception cues. Encontrado el 12 de noviembre de

2003, en http://www.uplink.com.au/lawlibrary/Documents/Docs/Doc64.html

DEPAULO, B. M., STONE, J. I. & LASSITER, G. D. (1985). Deceiving and detecting deceit. En B. R. Schlender (Ed.), The self and social life (pp. 323-370). Nueva York: McGraw-Hill.

EKMAN, P. (2001). Telling lies. Clues to deceit in the marketplace, politics, and marriage. Revised edition. Nueva York: W. W. Norton & Company.

FAIGMAN, D., KAYE, D. H., SAKS, M. J. & SANDERS, J. (Eds.) (2002). Modern scientific evidence: The law and science of expert testimony (vol. 3) (2ª ed.). St. Paul, MN: West Publishing.

JIMÉNEZ GARCÍA JOSÉ ANTONIO, técnicas poligráficas Febrero 2015

JOAQUIN SALDATE RODRIGUEZ Revista Mundo Forense. Articulo El polígrafo. Mayo 24, 2015

JORGE CORONADO PADILLA, M. Sc. Corporación Universitaria Unirte Paradigmas, Escalas de medición-Vol. 2, (2). Bogotá, D. C. (julio-diciembre de 2007), pp. 104 -125.

GALE, A. (Ed.) (1988). The polygraph tests. Lies, truth and science. Londres: Sage.

GARRIDO, E. & MASIP, J. (2001). La evaluación psicológica en los supuestos de abusos sexuales. En F. Jiménez (Ed.), Evaluación psicológica forense (vol. 1, pp. 25-140). Salamanca: Amarú.

GUNN, J. & GUDJONSSON, G. (1988). Using the psychological stress evaluator in conditions of extreme stress. Psychological Medicine, 18, 235-238.

HAM ILTON (2000). Computer Voice Stress Analyzer (CVSA). Encontrado el 12 de noviembre de 2003, en http://www.umr.edu/~police/cvsa/hamilton.htm.

HORVARTH, F. (1978). An experimental comparison of the psychological stress evaluator and the galvanic skin response in detection of deception. Journal of Applied Psychology, 63 (3), 338-344.

HORVARTH, F. (1979). Effect of different motivational instructions on detection of deception with the psychological stress evaluator and the galvanic skin response. Journal of Applied Psychology, 64 (3), 323-330.

IACONO, W. G. & LYKKEN, D. T. (1997). The validity of the lie detector: Two surveys of scientific opinion. Journal of Applied Psychology, 82 (3), 426-433.

JANNIRO, M. J. & CESTARO, V. L. (1996). Effectiveness of detection of deception examinations using the computer voice stress analyser. (Infor- me Nº DoDPI96-R-0005). Fort McClellan, AL: Department of Defense Polygraph Institute.

KLEINER, M. (Ed.) (2002). Handbook of polygraph testing. San Diego, CA: Academic Press.

KUBIS, J. F. (1973). Comparison of voice analysis and polygraph as lie detection procedures. (Contralto DAD05-72-C-0217). U. S. Army Land Warfare Laboratory, Aberdeen Proving Ground, M. D.

LARSON, J. A. (1921). Modification of the Marston

deception test. Journal of the American Institute of Criminal Law and Criminology, 12, 391-399.

LARSON, J. A. (1969). Lying and its detection. A study of deception and deception tests. Montclair, NJ: Patterson Smith. (Edition original de 1932, University of Chicago Press).

LEITH, W. R. & TIMMONS, J. L. (1983). The use of the Psychological Stress Evaluator with stutterers. Journal of Fluency Disorders, 8

(3), 207-213.

LIPPOLD, O. (1971). Physiological tremor. Scientific American, 224 (3), 65-73.

LONG, G. T. & KRALL, V. L. (1990). The measurement of stress by voice analysis. Journal of Social Behavior and Personality, 5 (6), 723-731.

LYKKEN, D. T. (1959). The GSR in the detection of guilt. Journal of Applied Psychology, 43, 385-388.

LYKKEN, D. T. (1960). The validity of the guilty knowledge technique: The effects of faking. Journal of Applied Psychology, 44, 258-262.

LYKKEN, D. T. (1998). A tremor in the blood. Uses and abuses of the lie detector. Nueva York: Plenum Press.

LYNCH, B. E. & HENRY, D. R. (1979). A validity study of the psychological stress evaluator. Canadian Journal of Behavioral Science, 11 (1), 89-94.

MONGE RODRÍGUEZ CARLOS HERIBERTO, La validez científica de la Poligrafía los principios supremos de la ciencia que validan a la poligrafía como conocimiento científico.

MALAGON FELIPE DOCUMENTOS TRADUCIDO Estudio Meta Analítico del Criterio de Exactitud de las Técnicas Poligráficas Validadas, Reporte Preparado para El Consejo Directivo de la American Polygraph Association Nate Gordon, Presidente Por El Comité Ad-Hoc sobre Técnicas Validadas Mike Gougler, Presidente del Comité Raymond Nelson, Investigador Principal Mark Handler, Donald Krapohl, Pam Shaw, Leonard Bierman. Presentado y aprobado por el Consejo Directivo de la APA, Septiembre 9 de 2011

MANZANERO, A. (2001). Procedimientos de evaluación de la credibilidad de las declaraciones de menores víctimas de agresiones sexuales. Psicopatología Clínica, Legal y Forense, 1, 51-71.

MASIP, J. & GARRIDO, E. (2000). La evaluación de la credibilidad del testimonio en contextos judiciales a partir de indicadores conductuales. Anuario de Psicología Jurídica, 10, 93-131.

MASIP, J. & GARRIDO, E. (2003). La detección del engaño mediante la técnica del control de la realidad. Encuentros en Psicología Social, 1 (5), 113-121.

MASIP, J., GARRIDO, E. & HERRERO, C. (2002). La detección del engaño sobre la base de sus correlatos conductuales: La precisión de los juicios. Anuario de Psicología Jurídica, 12, 37-55.

MASIP, J., GARRIDO, E. & HERRERO, C. (2003). El Análisis de Contenido Basado en Criterios (CBCA). Revista Iberoamericana de Diagnóstico y Evaluación Psicológica, 15 (1), 75-92.

MASIP, J., SPORER, S. L., GARRIDO, E. & HERRERO, C. (En prensa). The detection of deception with the Reality Monitoring approach: A review of the empirical evidence. Psychology, Crime & Law.

MCLELLA N, V. (1996). Re: Voice stress analysis of debates? Encontrado el 12 de noviembre de 2003, en http://cypherpunks.venona.com/date/1996/10/msg00732.h tml

MEYERHOFF, J. L., SAVIOLAKIS, G. A., KOENING, M. L. & YURICK, D. L. (2001). Physiological and biochemical measures of stress compared to voice stress analysis using the computer voice stress analyzed (CVSA). (Informe Nº DoDPI01-R-0001). Fort Jackson, SC: Depart ment of Defense Polygraph Institute; y Washington, DC: Walter Reed Army Institute of Research.

MILLER, G. R. & STIFF, J. B. (1993). Deceptive communication. Newbury Park: Sage.

MONGE RODRIGUEZ CARLOS Validez científicas de la Poligrafía (2011) Los principios supremos de la ciencia que validan a la poligrafía como conocimiento científico.70-101

MORALES FLORES NANCY Entrevista previa, poligrafía 6° semestre.

NACHSON, I., ELAAD, E. & AMSEL, T. (1985). Validity of the Psychological Stress Evaluator: A field study. Journal of Police Science and Administration, 13, 275-282.

NACHSON, I. & FELDMAN, B. (1980). Vocal indices of psychological stress: A validation study of the Psychological Stress Evaluator. Journal of Police Science and Administration, 8, 40-53.

NATIONAL INSTITUTE FOR TRUTH VERIFICATION (Sin fechar a). CVSA perfects crime-fighting technology. Encontrado el 12 de noviembre de 2003, en http://www.cvsa1.com/product.php.

NATIONAL INSTITUTE FOR TRUTH VERIFICATION (Sin fechar b). The history and evolution of lie detection. Encontrado el 12 de noviembre de 2003, en http://www.cvsa1.com/history.php

NATIONAL INSTITUTE FOR TRUTH VERIFICATION (Sin fechar c). Voice Stress Analyzer comparisons. Encontrado el 12 de noviembre de 2003, en http://www.cvsa1.com/pricing.php.

O'HAIR, D. & CODY, M. (1987). Gender and vocal stress differences during truthful and deceptive information sequences. Human Relations, 40 (1), 1-13.

O'HAIR, D., CODY, M. J. & BEHNKE, R. R. (1985). Communication apprehension and vocal stress as indices of deception. Western Journal of Speech Communication, 49 (4), 286-300.

O'HAIR, D., CODY, M. J., WANG, X. & CHAO, E. Y. (1990). Vocal stress and deception detection among Chinese. Communication Quarterly, 38, 158-169.

PORTER, S. & YUILLE, J. C. (1995). Credibility assessment of criminal suspects through statement analysis. Psychology, Crime and Law, 1, 319-331.

RASKIN, D. C. (1989). Polygraph techniques for the detection of deception. En D. C. Raskin (Ed.), Psychological methods in criminal investigation and evidence (pp. 247-296). Nueva York: Springer Publishing Company.

RASKIN, D. C. & ESPLIN, P. W. (1991). Statement Validity Assessment: Interview procedures and content analysis of children´s statements of sexual abuse. Behavioral Assessment, 13, 265-291.

REID, J. E. (1947). A revised questioning technique in lie-detection tests. Journal of Criminal Law and Criminology, 37, 542-547.

ROSENFELD, J. P. (2002). Event-related potentials in the detection of deception, malingering, and false memories. En M. Kleiner (Ed.), Handbook of polygraph testing (pp. 265-286). San Diego, CA: Academic Press.

RUBY, C. L. & BRIGHAM, J. C. (1997). The usefulness of the Criteria-Based Content Analysis technique in distinguishing between truthful and fabricated allegations. A critical review. Psychology, Public Policy, and Law, 3 (4), 705-737.

SOSA GONZALELEZ RAFAEL DARIO (2.016) Análisis comparativo entre la poligrafia y análisis de stress de voz (vsa). Instituto Latinoamericano De Poligrafía (LPI) Psicología Forense Poligrafía curso Básico. Bogotá – Colombia .

SHIPP, T. & IZDEBSKI, K. (1981). Current evidence for the existence of laryngeal macro tremor and micro tremor. Journal of Forensic Sciences, 26, 501-505.

SPYZONE (Sin fechar). Portable truth machine. The scientific measure of truth. Encontrado el 12 de noviembre de 2003, en http://www.spyzone.com/catalog/voicestressanalysis/vsa-15.html

STELLER, M. & KOHNKEN, G. (1989). Criteria-Based

Statement Analysis. En D. C. Raskin (Ed.), Psychological methods in criminal investigation and evidence (pp. 217-245). Nueva York: Springer Publishing Company.

SUZUKI, A., WATANABE, S., TAHENO, Y., KOSUGI, T. & KASUYA, T. (1973). Possibility of detecting deception by voice analysis.

REPORTS OF THE NATIONAL INSTITUTE OF POLICE SCIENCE, 26, 62-66.

TAMAYO, M (2004). El proceso de la investigación científica: incluye evaluación y administración de proyectos de investigación. 4ª ed. México. Editorial Limmus.

THE AMERICAN POLYGRAPH ASSOCIATION (2011). Meta-Analytic Survey of Criterion Accuracy of Validated Polygraph Techniques. EUA.

TIPPETT, R. G. (1994). Comparative analysis study of the CVSA and polygraph. Encontrado el 12 de noviembre de 2003, en http://www.umr.edu/~police/cvsa/compar1.htm

TRUTH MACHINE EXECUTIVE 12 LED (sin fechar). Encontrado el 12 de noviembre de 2003, ¿en http://www.dobuy.co.uk/uProduct Detail.asp?produ_pk=217

VRIJ, A. (2000). Detecting lies and deceit: The psychology of lying and the implications for professional practice. Chichester: Wiley.

VRIJ, A., EDWARD, K. & BULL, R. (2001). Stereotypical verbal and nonverbal responses while deceiving others. Personality and Social Psychology Bulletin, 27 (7), 899-909.

WALN, R. F. & DOWNEY, R. G. (1987). Voice stress analysis: Use of telephone recordings. Journal of Business and Psychology, 1 (4), 379-389.

WRIGHTSMAN, L. S. (1987). Psychology and the legal system. Monterey, CA: Brooks/Cole. YUILLE, J. C. (Ed.) (1989). Credibility assessment. Dordrecht: Kluwer Academic Publishers.

WISE ARIAS SÍDNEY, guía práctica del Polígrafo

ZUCKERMAN, M., DEPAULO, B. M. & ROSENTHAL, R. (1981). Verbal and nonverbal communication of deception. En L. Berkowitz (Ed.), Advances in Experimental Social Psychology (vol. 14, pp. 1-59). San Diego, CA: Academic Press.

ENLACES

https://en.wikipedia.org/wiki/Voice_stress_analysis

polygraph.org/review-of-voice-stress-based-technologies-for-the-detection-of-deception Summary of Published Voice Lie Detector Research APA

http://www.eymdesaco.com/detectores_de_mentiras.php#.VzskOJHhChc

http://www.expertosvsa.com/

Comentarios acerca de técnicas validadas y el metaanálisis (APA)

http://ocio.teoriza.com/el-poligrafo-detector-de-mentiras-como-funciona-en-que-consiste-que-hace

http://psicologiajuridica.org/psj97.html

http://www.diogenescompany.com/ This web reference, and all others listed in this article, were checked on 28 October 2007.

http://www.nemesysco.com/technology-lvavoiceanalysis.html

http://www.cvsa1.com/CVSA.htm

http://www.diogenescompany.com/vsaprogram.html

http://www.nemesysco.com/technology-lvavoiceanalysis.html

http://www.nemesysco.com/technology-lvavoiceanalysis.html

http://www.vsolutions.org/

http://www.love-detector.com/

The interview with Mr. Lieberman (in Swedish) appeared in Vertebrates- Curare on 17 December 2004. It is not available online.

http://www.nitv1.com/realcases.htm

http://news.bbc.co.uk/1/hi/uk/3227849.stmhttp://www.postmagazine.co.uk/public/showPage

html?validate=0&page=post_login2&url=%2Fpublic%2FshowPage html%3Fpage%3D346755 (Login required)

http://news.bbc.co.uk/1/hi/uk/6528425.stm

http://www.taringa.net/post/apuntes-ymonografias/15479694/Que-es-un-instrumento-de-medicion.html

http://www.ub.edu.ar/catedras/ingenieria/auditoria/glosario.htm

ACERCA DEL AUTOR

RAFAEL DARIO SOSA GONZALEZ

Oficial de la reserva activa del Ejercito Nacional. De COLOMBIA.

Después de su retiro ha desempeñado los siguientes cargos: director de Seguridad en Servicios (INDUSTRIAS ARETAMA Ltda.). Jefe de Seguridad (COLTANQUES Ltda.). Director Operaciones (MEGASEGURIDAD LA PROVEEDORA Ltda.) Gerente (Propietario) ESCUELA NACIONAL DE VIGILANTES Y ESCOLTAS (ESNAVI LTDA.), Coordinador Proyecto Seguridad Aeronáutica (COSERVICREA Ltda.), Coordinador de Seguridad Proyecto Aeronáutica (COLVISEG Ltda.).

En el área de la docencia: se ha desempeñado como Docente en el Instituto de seguridad Latinoamericana (INSELA Ltda.) Docente de la Escuela Colombiana de Seguridad (ECOSEP Ltda.) Como Consultor Seguridad, Asesoró en Seguridad en Empresas como: ADRIH LTDA, POLLO FIESTA Ltda., SEGURIDAD ATLAS Y TRANSPORTE DE VALORES ATLAS Ltda., SEGURIDAD SOVIP Ltda.

Entre los estudios realizados: Diplomado en Administración de La Seguridad (UNIVERSIDAD MILITAR NVA GRANADA), Diplomado en Seguridad Empresarial (UNIVERSIDAD SAN MARTIN-ACORE):Diplomado Sociología para la Paz, Derechos Humanos, negociación y Resolución de Conflictos (CIDE-CRUZ ROJA COLOMBIANA-ACORE) Diplomado en Gestión de la Seguridad (FESC-ESNAVI Ltda.) ,Programa maestro en Seguridad y Salud Ocupacional(CONSEJO COLOMBIANO

DE SEGURIDAD), Liderazgo Estratégico en Dirección , Gerencia Estratégica en Servicio al Cliente(SENA) , Curso Seguridad Empresarial (ESCUELA DE INTELIGENCIA Y CONTRAINTELIGENCIA BG. CHARRY SOLANO), curso de Seguridad Electrónica básico (A1A), Curso Analista de Poligrafía (Pfisiólogo Poligrafista) Poligrafía Basic Voice Store Análisis (DIOGENES COMPANY), entre otros.

Adicionalmente se encuentra desarrollando Programa de entrenamiento para COACHES en INTERNACIONAL COACHING GROUP (ICG) Y DIPLOMADO PARA COACHING CRISTIANO (METODO CC).

Propietario de la Empresa Security Works www.sewogroup.com. Empresa al servicio de la seguridad y vigilancia privada en Latinoamérica. Actualmente se desempeña como director general SECURITY WORK S.A.S.

AUTOR: 20 Libros Colección de Seguridad entre otros Vigilancia Básico, Avanzada. Escolta Básico, Manual de Manejo Defensivo, Manual de Medios Tecnológicos, Manual Prevención Secuestro, Manual del Supervisor. Impresos con la Casa Editorial Security Works de Venta en todos los Países de Habla Hispana.

LOS TITULOS DE LA COLECCIÓN SEGURIDAD PRIVADA

La colección Seguridad dirigida a profesionales de Latinoamérica, Europa, Israel, etc.

PUBLICADOS

01. Manual Para la Vigilancia Privada Básico.
02. Manual Para la Vigilancia Privada Avanzado.
03. Manual Básico del Supervisor de la Vigilancia.
04. Manual Básico del Escolta Privado.
05. Manual Avanzado del Escolta Privado
06. Manual Seguridad Medios Tecnológicos
07. Manual de Manejo Defensivo.
08. Manual de Vigilancia y Contra vigilancia.
09. Manual de Antiterrorismo.
10. Manual de Seguridad Aeronáutica.
11. Manual de Seguridad sin Recursos.
12. Manual de Seguridad Canina.
13. Manual de Seguridad residencial.
14. Manual de Autoprotección Secuestro
15. Manual de Seguridad Hotelera
16. Manual de Seguridad Hospitalaria
17. Manual de Seguridad Comercial
18. Manual de Seguridad Bancaria
19. Manual de Seguridad Empresarial
20. Manual del Directivo de Seguridad

Visite:

www.sewogroup.com

Representantes
y
Distribuidores
http:/amazo
n.com

Colección Seguridad Privada
Securityworks
Protección Integral

Made in the USA
Columbia, SC
27 April 2024

34971547R00114